山西全方位推动高质量发展面对面

通俗理论读物系列丛书

民生所系 实事实办

中共山西省委宣传部 编

U0922899

山西出版传媒集团 山西人民出版社

图书在版编目（CIP）数据

民生所系　实事实办 / 中共山西省委宣传部编. —太原：山西人民出版社，2022.8
（山西全方位推动高质量发展面对面通俗理论读物系列丛书）
ISBN 978-7-203-12340-8

Ⅰ.①民… Ⅱ.①中… Ⅲ.①人民生活—社会保障—山西 Ⅳ.①D632.1

中国版本图书馆CIP数据核字（2022）第120104号

民生所系　实事实办

编　　者：中共山西省委宣传部
责任编辑：翟丽娟
复　　审：刘小玲
终　　审：武　静
装帧设计：张镤尹

出 版 者：山西出版传媒集团·山西人民出版社
地　　址：太原市建设南路21号
邮　　编：030012
发行营销：0351—4922220　4955996　4956039　4922127（传真）
天猫官网：https://sxrmcbs.tmall.com　电话：0351—4922159
E-mail：sxskcb@163.com　发行部
sxskcb@126.com　总编室
网　　址：www.sxskcb.com

经 销 者：山西出版传媒集团·山西人民出版社
承 印 厂：山西出版传媒集团·山西人民印刷有限责任公司

开　　本：720mm×1020mm　1/16
印　　张：13.5
字　　数：170千字
版　　次：2022年8月　第1版
印　　次：2022年8月　第1次印刷
书　　号：ISBN 978-7-203-12340-8
定　　价：61.00元

如有印装质量问题请与本社联系调换

山西全方位推动高质量发展面对面

通俗理论读物系列丛书

编委会

主　　　任　吴　伟

常务副主任　宋　伟

副　主　任　张　羽　夏　祯　骞　进

　　　　　　万　勇　郭晓东　张三忠

委　　　员　郭玉福　贾新田　刘晓哲

　　　　　　赵新中

序　言

今年春节前夕，习近平总书记五年来第三次亲临山西考察指导，带来了党中央对老区人民的深切关怀，体现了党中央对山西工作的坚定支持。特别是习近平总书记勉励我们“在高质量发展上不断取得新突破”，“续写山西践行新时代中国特色社会主义新篇章”，更加坚定了我们全方位推动高质量发展的信心和决心。

去年召开的中国共产党山西省第十二次代表大会，是在我们实现全面建成小康社会第一个百年奋斗目标，向着全面建成社会主义现代化强国第二个百年奋斗目标迈进的关键时刻，召开的一次十分重要的会议。大会最重要的成果，就是学习贯彻习近平总书记关于“三新一高”的重要论述，鲜明提出了“全方位推动高质量发展”的目标要求，实现了省委工作思路的继承发展和创新提升。

省第十二次党代会以来，全省上下坚持以习近平新时代中国特色社会主义思想为指导，按照全方位推动高质量发展的目标要求，加快构筑“六个领域”“三个体系”全面贯通、深度协同的工作矩阵，解放思想、实事求是、真抓实干、久久为功，开创了山西工作新的局面。我们统筹抓好经济社会发展和疫情防控，落实“六稳”“六保”

政策，狠抓“三个一批”活动，2021年GDP总量跨过2万亿大关，增速排全国第三，2022年上半年增速上升为全国第二。2022年上半年，原煤产量达到6.4亿吨，占全国的29.2%，排在全国第一位，在能源保供中彰显了山西担当。我们协同推进产业转型“两个方面”，煤炭、电力、钢铁、焦化、建材等传统优势产业加快改造提升，高端装备制造、新材料、大数据、节能环保等战略性新兴产业不断发展壮大。我们积极构建“一群两区三圈”城乡区域发展新布局，太忻一体化经济区建设强势起步，与转型综改示范区形成“双引擎”。我们坚定不移深化改革开放创新，“承诺制+标准地+全代办”等改革扎实推进，营商环境不断优化，10个项目荣获国家科学技术奖，内陆地区对外开放新高地加快构筑。我们充分挖掘历史文化资源，推动中华优秀传统文化创造性转化、创新性发展，以更高站位和更大力度加强文物保护，文化强省建设步伐不断加快。我们全力保障和改善民生，有效应对汾河流域最强秋汛，扎实做好巩固拓展脱贫攻坚成果同乡村振兴有效衔接各项工作，突出抓好农民工务工就业等重点民生工作，进一步增强了全省人民的获得感幸福感安全感。我们坚持山水林田湖草沙系统治理，PM2.5浓度持续下降，汾河流域国考断面提升至Ⅳ类以上，美丽山西正在全新呈现。我们坚持严的主基调不动摇，坚定扛起管党治党主体责任，巩固拓展党史学习教育成果，开展抓党建促基层治理能力提升专项行动，一体推进“三不腐”同时发力、同向发力、综合发力，全面建设清廉山西，推动政治生态迈向持久的风清气正。

今天的三晋大地，全方位推动高质量发展已经蔚然成势，成为山西最鲜明的主题、最激扬的旋律。实践充分证明，省委关于全方位推动高质量发展的决策部署是完全正确的、是富有成效的。

为了全面展示我省全方位推动高质量发展取得的明显成效，深入阐释党中央及省委的决策部署，更好激励全省上下奋进新征程、建功新时代，根据省委安排，省委宣传部牵头编撰了《山西全方位推动高质量发展面对面》通俗理论读物系列丛书。这套丛书包括《提质进位 再谱新篇》《产业升级 转型发展》《区域新局 改革新举》《双碳引领 绿色发展》《民生所系 实事实办》和《地市竞秀 百舸争流》等6册，涵盖了全省经济、政治、文化、社会、生态、党建等各个领域各个方面，既反映中央大政方针，又解读省委重大部署，还关注基层生动实践；既深刻阐释新出台的政策制度，又深度挖掘各地涌现出的典型案例，还深入回答群众关心关注的热点问题。丛书图文并茂、深入浅出、通俗易懂，具有很强的理论性、知识性、政策性和实践性，是我省基层干部学习掌握最新政策的工具书，是专家学者研究阐释山西实践的资料库，是广大群众关注感受发展成就的展示窗，是对外讲深讲实山西故事的金名片，也是纪录省委团结带领山西人民全方位推动高质量发展的档案簿。要运用好这套丛书，进一步激励全省党员干部群众踔厉奋发、笃行不怠，不断绘就全方位推动高质量发展的新画卷。

当前，全方位推动高质量发展风帆正劲。全省上下要深入学习贯彻习近平总书记考察调研山西重要指示精神，深刻认识“两个确立”的决定性意义，增强“四个意识”、坚定“四个自信”、做到“两个维护”，以“时时放心不下”的责任感，统筹抓好防疫情、稳经济、保安全三大任务，不断开创全方位推动高质量发展新局面，以实际行动迎接党的二十大胜利召开，续写山西践行新时代中国特色社会主义新篇章！

是为序。

中共山西省委书记 林武

2022年7月

CONTENTS 目录

第一章

社稷生民皆乐业

——如何促进更加充分更高质量就业？

人在家中坐，工作“云”上找。近年来受疫情影响，许多现场招聘会被迫取消，为促进人力资源供需匹配对接，山西各地云招聘“大展身手”，直播带岗、空中双选会、神奇面试间等网络招聘方式走进求职者和用人单位的视野，成为求职招聘的“香饽饽”。多家企业代表化身“带岗主播”，详细介绍企业情况、岗位需求、工资福利待遇等信息，与直播间求职者开展线上互动交流。越来越多的山西求职者在线上招聘会上找到了心仪的工作，实现“云牵手”。

就业是民生之本，是经济运行在合理区间的关键支撑，是社会稳定的重要保障。我国坚持把就业作为最大的民生，将就业摆在“六稳”工作、“六保”任务之首。习近平总书记指出，要坚持就业优先战略，把解决人民群众就业问题放在更加突出的位置，努力创造更多就业岗位。山西将稳就业保就业作为重大政治责任、重大民生工程、重大发展支撑、重大底线任务，持续推动就业高质量发展，全省就业形势呈现稳中向好的发展态势。今后山西要坚持把稳就业保就业放在首位，多渠道支持灵活就业；通过优化扶持政策、加强载体建设、完善指导服务，积极支持创业；开展劳动技能培训，打造区域特色劳务品牌、培养顶尖领军人才、建设劳动者大军，实现技能就业。

一、坚持就业优先，努力创造就业岗位

人有恒业，方能有恒心。坚持就业优先战略，要把解决人民群众就业问题放在更加突出的位置。山西坚持把稳就业保就业放在首位，完善公共就业服务体系，构建常态化援企稳岗帮扶机制，做好高校毕业生、农民工、退役军人、防返贫监测对象、城镇就业困难人员等的精准帮扶工作。积极拓展新经济、新业态就业空间，多渠道支持灵活就业，努力创造更多就业岗位。

2022年5月20日，山西稳就业工作推进会召开。会议深入学习贯彻习近平总书记关于就业工作的重要论述，全面落实全国稳就业工作电视电话会议和全国普通高等学校毕业生就业创业工作电视电话会议精神，要求把稳就业放在更加突出位置，把准关键重点，拿出硬招实招，扎实做好稳就业各项工作，更好服务全方位推动高质量发展。会议提出五方面工作要求，一是保持经济合理增长稳住就业，二是打好减负、稳岗、扩就业政策组合拳，三是突出抓好重点群体就业，四是不断提升就业服务的质量和效率，五是切实维护劳动者合法权益。

促进重点群体稳定就业

一系列稳就业、促就业政策延续落地落细实施，从评选认定促进就业先进地区，压实地方政府主体责任，到多部门协作搭建就业信息平台，开展线上专项行动、线下精准服务，多措并举做好稳定和扩大就业工作，千方百计保持就业大局稳定。2022年上半年，山西城镇新增就业27.5万人，完成全年目标61.1%。

抓好高校毕业生就业工作。山西将促进高校毕业生就业作为重大政治责任、重大民生工程和重大底线任务。持续实施三年五万青年就业见习计划，组织高校毕业生参加就业见习。拓宽就业渠道，挖掘政策性岗位潜力，加快各类招考工作进度，支持各类企业吸纳更多毕业生就业。举办大中城市联合招聘高校毕业生春季和秋季专场活动、民营企业招聘月、综改示范区暨高校毕业生专场招聘会等专项活动，开展高校毕业生就业服务行动。强化学校、生源地的工作协同，重点关注脱贫家庭、低保家庭、零就业家庭的高校毕业生，落实精准帮扶机制，持续做好岗位信息推送和就业指导服务。

大力促进农村劳动力转移就业。完善农民工返岗复工服务保障机制，加大有组织省外劳务输出，建立三级联动省外劳务服务体系。支持各地培育发展特色劳务品牌，开展乡村重点帮扶县专场招聘活动，全力推动农民务工就业稳规模、强技能、提质量。2022年上半年，山西农村劳动力转移就业32.1万人，完成全年目标97.4%。力争到年末，全省农民务工就业规模突破600万人、脱贫劳动力（含防返贫监测对象）务工就业规模稳定在95万人以上。

·数说山西·

山西始终将有组织劳务输出作为载体，推进富余劳动力转移就业。2021年，转移到省外就业23.32万人，占转移就业人数44.69%；省内县外7.1万人，占转移就业人数13.61%，县内就近就地21.77万人，占转移就业人数41.72%。

积极支持退役军人就业创业。完善多层次、多样化教育培训体系。开展现役军人与退役军人教育培训相衔接、学历教育与技能培训互为补充，改善知识结构，提升能力素质。积极组织开展退役前技能储备培训和职业指导，努力把退役军人服役期间锤炼的品质转化为就业创业的优势。组织开展适应性培训，结合退役军人接收报到，对自主就业退役士兵统一开展以适应社会、融入社会为目的的适应性培训，加强退役后职业技能培训。开展“订单式”“定向式”“定岗式”培训，推进培训精细化、个性化。坚持谁培训、谁推荐就业，压实目标责任，提高就业成功率。

·特别关注·

国务院通报表扬运城市灵活就业的典型经验做法

运城市为落实“六稳”“六保”，创建了山西首家“零工市场”。通过引进智慧就业服务系统，推出“零工之家”网络登录平台，劳动者求职、企业招聘实现精准匹配，精准对接。此外，市场提供的零工对接、劳务输出、信息咨询、保障维权和“520”个性化服务，让“零工”有尊严地找活干、能挣钱，为劳动者营造良好的综合就业服务平台和权益保障体系。市场运营以来，每天平均线上线下服务零工咨询接洽出工业务近千人次。通过对接本地100余家企业，就业5000余人。对接广东、江苏、河南、陕西等地12个市、区人社就业部门签订劳务合作协议书，构建人才交流、信息交换、资源共享机制，加快区域间人力资源合理流动。先后包车70余次、包机4次，帮助1万余名农民工就业，实现就地就近和省外输出就业的有机结合。

支持多渠道的灵活就业

个体经营、非全日制以及新就业形态等灵活多样的就业方式，是劳动者就业增收的重要途径，对拓宽就业新渠道、培育发展新动能具有重要作用。山西积极拓展新经济、新业态就业空间，多渠道支持灵活就业。

鼓励个体经营发展。继续深化商事制度改革，按规定充分释放住所资源，放宽小微企业、个体工商户登记经营场所限制。引导劳动者以市场为导向，依法自主选择经营范围。鼓励劳动者创办投资小、见效快、风险低、易转型的小规模经济实体。支持发展各类特色小店，完善基础设施，增加商业资源供给。对符合条件的建档立卡贫困人口、登记失业人员、高校毕业生等重点群体从事个体经营的，依次扣减其当年实际应缴纳的增值税、城市维护建设费、教育费附加、地方教育附加和个人所得税。全面提高贷款服务质量和服务效率，对符合条件的人员加大信贷支持力度。对就业困难人员、返乡农民工、离校2年内高校毕业生，首次创办小微企业或从事个体经营且正常经营1年以上的，根据带动就业人数给予一次性创业补贴。

增加非全日制就业机会。鼓励银行业金融机构按照风险可控、商业可持续原则，支持非全日制劳动者较为集中的保洁绿化、批发零售、建筑装修等行业发展，并在客户准入、授信审批、资金核算、利率、考核激励等方面加大倾斜力度。加强养老、托幼、心理疏导和社会工作等社区服务业发展，强化职业能力培训，增强吸纳就业能力。加强对非全日制劳动者的政策支持，对就业困难人员、离校2年内未就业高校毕业生从事非全日制等工作的，按照不超过实际缴纳社会保险费的2/3，给予社会保险补贴，其中就业困难人员补贴期限不超过3年，离校2年内未就业的高校毕业生补贴期限不超过2年。

支持发展新就业形态。持续推进“放管服”改革和“双随机、一公开”监管，对互联网平台经济和其他新业态实施包容审慎监管。支持互联网企业和共享经济平台开发网络零售、移动出行、线上教育培训、互联网医疗、在线娱乐等各类增值应用、共享用工和灵活就业平台，为劳动者居家就业、远程办公、兼职就业创造条件。鼓励教育、医疗、交通等行业领域，利用大数据、区块链、云计算等新一代信息技术开展数字经济融合应用，对数字化好、引领作用较强的示范项目给予资金支持。支持5G、数据中心等新型基础设施建设，为新产业、新业态增强就业吸纳能力提供支撑。

二、鼓励自主创业，灵活满足就业需求

山西着力实施创业带动就业，持续推动返乡入乡创业工作，优化创业扶持政策，加大资金投入、加强创业载体建设，完善集创业指导、项目开发、注册登记、投资融资、风险评估等“一站式”创业服务等措施。创新创业在三晋大地已成燎原之势，为全方位推动高质量发展注入澎湃力量。

用足用活金融扶持政策

为激发社会创新创业创造活力、稳定扩大就业，山西积极完善创新创业扶持政策，实施税费减免政策，确保各项税收优惠政策不折不扣落实到位，让市场主体应享尽享。优化创业担保贷款流程，推动市县创业融资服务工作站设立，进一步降低反担保门槛，为创业者提供短期、急速等性价比最优的产品，扩大创业担保贷款规模。山西创业贷款享受范围扩展到了十类人群，个人创业者创业担保贷款最高额度提高到30万元，小微企业创业担保贷款最高额度提高到300万元，期限最长可达3年。山西财政部门安排专项资金给予一定贴息，以减轻创业个人和小微企业的融资负担。其中，2021年省市两级财政共拨付贴息资金22164万元，2021年1月至12月共发放创业担保贷款24.81亿元，同比增长141.8%。截至2021年12月底，全省创业担保贷款余额30.35亿元，创业担保基金余额9.28亿元，放大倍数3.27倍，有效缓解了小微企业融资难问题，促进了创业带动就业。

加强创新创业载体建设

山西省级双创示范基地和智创城是推动创新创业高质量发展的重要载体。山西依托创新创业资源集聚的区域、高校科研院所、创新型企业等，在全省建设了36个省级双创示范基地。加快双创孵化平台建设，逐步构建起“创业苗圃+孵化器+加速器+产业园”的双创全链条培育体系。推动形成全方位双创服务体系，培育融合、协同、共享的双创生态环境，新技术不断涌现，新模式迭代推广，新产业蓬勃发展，新动能持续壮大。

山西综改示范区学府产业园区和晋城经济技术开发区获批国家级双创示范基地以来，山西组织两个基地高标准编制创业带动就业示范行动工作方案，推动示范行动深入发展。聚焦大中小企业融通创新、精益创业带动就业等行动方向，充分带动高校毕业生、返乡农民工等重点群体就业创业，实现创造就业岗位显著增加，进一步发挥示范基地引领带动作用。在国家组织开展的大众创业万众创新示范基地2021年度评估中，山西综改示范区学府产业园区达到优秀档次，晋城经济技术开发区达到良好档次，为全省创新引领创业、创业带动就业贡献开发区力量。

完善创业指导服务供给

山西在鼓励和支持科研人员投身科技创业、加强大学生创新创业教育和扶持、健全农民工返乡创业服务体系、完善退役军人自主创业支持政策和服务体系的基础，不断完善集创业指导、项目开发、注册登记、投资融资、风险评估等“一站式”创业服务。加快城乡均等的公共就业创业服务体系建设，完善普惠性的公共就业

·特别关注·

好政策助力创业就业

太原市出台了《大学生就业创业基地的工作方案》和《技能服务人才培养基地的工作方案》，在太原同创谷建成“太原市大学生就业创业基地”，依托红马甲集团股份有限公司和太原市高级技工学校建成“太原技能服务人才培养基地”，在上海建立了“太原技能服务人才基地上海工作站”。截至目前，太原同创谷已引进落地、孵化项目60个，引进、培育“四上”企业4家，研究机构2家，待入驻项目20余个。

太原市不断推进和完善创业载体建设，2021年认定市级创业孵化示范基地2家、市级创业示范基地1家，举办星火项目创业大赛、“公共就业服务进校园”系列活动、大学生毕业季专场招聘活动等，开辟了“来并就业创业绿色通道”，为来并创业的合作高校毕业生提供免费创业场所，提供人事档案、社会保险缴纳、补贴申领、创业贷款等“一站式”高效便捷服务。租赁场地创业的大学生连续3年可享受每年2000元租赁补贴，提供最高30万元的个人创业担保贷款、最高300万元的企业创办担保贷款。2021年以来，太原市已经累计吸纳就业见习大学生1477人，发放见习补贴613万余元，为2021届符合条件高校毕业生33518人发放求职创业补贴3351.8万元；共招聘、录用本科以上高校毕业生2516人，其中省校合作重点高校毕业生127人；对离校未就业的毕业生开展“131就业帮扶服务”，近2200名高校毕业生实现就业。

创业服务制度，推动公共就业创业服务对所有劳动者的全覆盖。优化服务流程，实行统一服务标准。根据不同人群的实际需求提供有针对性、精细化的公共就业创业服务。构建公共就业创业服务创新发展长效机制，开发利用信息化等技术手段，完善公共就业创业服务功能。2021年，山西持续打造“三晋新农人”创新创业竞赛、山西省星火项目创业大赛、山西省科技工作者双创大赛等丰富多彩的双创活动，点燃创新创业者的热情。

三、开展技能培训，全面提高就业素质

才者，材也，养之贵素，使之贵器。技能是就业的根本，为打造技能强省，山西实施技能富民战略持续开展大规模全民职业技能培训，抓住“培训、就业、增收”三个关键环节，构建“技能培训、政策支撑、劳务市场、信息管理”四大体系，着力提升劳动就业技能和综合素质，推动就业质量稳步提升，越来越多的劳动者走上技能就业、技能成才、技能增收之路。

打造区域特色劳务品牌

巧手成就卓越，匠心创造非凡。无论是传统产业脱

胎换骨，还是新兴产业异军突起，工匠始终是引领产业发展的重要力量，工匠精神始终是创新创业的重要精神源泉。劳务品牌具有地域特色、行业特征和技能特点，带动就业能力强，是推动产业发展、推进乡村振兴的有力支撑。

挖掘特色劳务品牌。山西立足地方实际，挖掘特色优势，提高劳务品牌建设的科学性、针对性。广泛调查并全面掌握本地区劳务品牌基本情况，强化分类指导，精准施策。聚焦战略性新兴产业、急需紧缺服务业、文化旅游领域、就业帮扶重点地区，因地制宜、有针对性地培育劳务品牌，叫响吕梁山护工、天镇保姆、长子理

忻州市静乐县为搬迁群众提供就业帮扶劳动技能培训。

·特别关注·

打造高价值职技品牌

“咱们‘濩泽厨工’给北大的厨师讲课了。”近日，这一消息引起了不小的轰动。应北京大学餐饮中心邀请，来自阳城县的徐秋斌、徐丹两名“濩泽厨工”技师走进了北大餐饮中心，为那里的中青年技术骨干培训班学员和各食堂面点技术骨干开展示范培训。与此同时，双方还就进一步加强餐饮人才培养交流以及推动阳城农副产品、地方特色小吃进北大达成了合作。这是深入推进“省校合作”的又一喜人成果，更是阳城特色职业技能品牌的价值证明。

阳城县是国家首批全域旅游示范区，各类景点星罗棋布。为顺应全域旅游发展的配套需要，阳城着力开展餐饮、厨艺技能培训，3年来，已开展中式烹调师培训150多期。8387名“濩泽厨工”持证上岗，在阳城及周边县市旅游康养产业中崭露头角，10余人在全国餐饮大赛上获得殊荣，使“濩泽厨工”成为一个响亮的品牌。

发师、浮山厨师、五台泥瓦匠、榆社古建工、平陆电工等特色劳务品牌。山西将高质量打造特优劳务品牌，巩固拓展劳务品牌“一县一品”工程成果，发挥现有105个劳务品牌示范带动作用，以非遗传承、现代旅游等特色产业和家政养老、社区康养等现代服务业为发展重点，扩大品牌覆盖面和规模。

开展劳务品牌技能培训。为解决从业人员技能水平较低、高技能人才短缺的问题，山西广泛开展多层次职业技能培训。截至2021年，连续4年把实施全民技能提升工程列为民生实事，发布地方职业技能培训规范，制定出台8项省级地方标准，推动培训覆盖全劳动周期、全工种门类，让更多技能人才脱颖而出。2021年全省共组织培训220.3万人，培训人数居全国各省区市前列，新增考证持证101.95万人，全省新就业122.15万人，越来越多劳动者走上技能就业、技能成才、技能增收之路。2022年，山西把职业技能培训50万人列为民生实事的首位，要在2021年的基础上持续做好技能培训工作，推进订单式、项目制培训和急需紧缺技能人才培训，组织补贴性培训50万人以上，让更多劳动者掌握一技之长、让三百六十行人才辈出，不断提高全省劳动者技能水平。

·特别关注·

“大熔炉”锻造“大工匠”

柳编工艺是蒲县有着上千年历史的传统老工艺，深受市场欢迎。为使这个非遗老技艺不断代，传承有新人，蒲县把柳编作为劳务品牌重点培育，按照立足本地发展实际、锻造特色劳务品牌、扩大就业规模质量、推动经济科学发展的思路，扬长避短，创建品牌，挖掘地方老工艺，接轨需求大市场，把柳编产业作为培育的新型产业全力推进。

从建设柳条生产基地、培训柳编专业人才，到创新改进传统工艺，再到培育具有地方特色的劳务品牌蒲县巧巧柳编，如今的蒲县在整合培训资源、落实补贴政策、强化资金监管等一系列措施的推动下，已经拥有柳编生产基地3个，加工龙头企业1个，培训能独立工作的技工300余人，年产值400余万元，有效解决了近千名农村劳动力就业。

一直以来，蒲县坚持以就业需求为导向，以提升劳动者就业率、取证率、增收率为目标，加快建设知识型、技能型、创新型劳动者大军，并通过多种途径加大劳动者就业。目前，该县公共实训基地已有电气自动化、计算机应用与维修、焊接加工、建筑施工、商务礼仪、汽车维修、土石方操作等14个培训工种，可同时容纳1000余人开展规模性培训，成为集理论教学、实习训练、就业安置等“一条龙”服务场所。

培养顶尖领军人才

干一行、爱一行，专一行、精一行。高技能人才始终是中国制造业的重要力量，大力培养高素质技术技能人才、能工巧匠、大国工匠，带动形成一支规模宏大、结构合理、技能精湛、素质优良、基本满足经济社会高质量发展需要的技能人才队伍，对推动经济高质量发展具有重要作用。

搭建人才事业平台。服务全省大局，着眼保障太忻一体化经济区强势起步，把搭建人才事业平台作为首要任务，加速与雄安新区、京津冀地区的融通融合，优化“引育留用”政策设计，培育建设一批国家级产业创新中心、制造业创新中心和中试基地，支持建设一批众创空间、孵化器、加速器等创新创业孵化平台和双创示范基地，让具有山西特色的人才中心和创新高地率先挺起来。

强化战略人才力量。立足山西实际，重点围绕煤炭清洁高效利用、高端装备制造、新材料、大数据等领域引进战略科学家，深入实施“十四五”院士后备人选培养计划、科技领军人才和创新团队壮大行动、青年科技人才强基行动、卓越工程师和高技能人才扩容行动，让战略人才力量真正强起来。

构建人才培养体系。善于练好内功，实施高水平大学人才培养工程、企业创新人才承载工程、经济社会重点领域人才队伍建设工程和高层次人才特殊支持计划，着力构建更为科学的人才培养体系，让山西本土人才充分涌出来。

建设劳动者大军

推动高质量发展、转变发展方式、优化经济结构、转换增长动力，离不开高素质劳动大军。战略性新兴产业、先进制造业、现代服务业的发展和新业态出现，以及互联网技术的应用、传统产业转型升级等，都对劳动者知识技能提出了新的更高要求，需要劳动者掌握更多新技术、新技能。

提高劳动者自身发展素质。引导广大劳动者树立终身学习的理念，努力学文化、学科学、学技能、学各方面知识，不断提高技术技能水平。劳动者的知识和才能积累越多，创造能力就越大。新时代的劳动者不仅要有力量，还要有智慧、有技术，能发明、会创新，不断提高综合素质，练就过硬本领。

创造劳动者成长良好条件。推动构建产业工人技

临汾市洪洞县广胜寺镇东安艾绒厂员工添纸作业。

能形成体系，加大在岗培训力度，完善技能人才激励政策，鼓励职工在关键领域、核心技术上大胆创新、大胆突破；健全技能人才培养、使用、评价、激励制度，大力发展技工教育，大规模开展职业技能培训，加快培养大批高素质劳动者和技术技能人才；大力弘扬劳模精神、劳动精神、工匠精神，激励更多劳动者特别是青年一代走技能成才、技能报国之路。

构建现代职业教育体系。职业教育前途广阔、大有可为。优化职业教育类型定位，深化产教融合、校企合作，深入推进育人方式、办学模式、管理体制、保障机制改革；实现职业本科教育稳步发展，建设一批高水平职业院校和专业，推动职普融通，增强职业教育适应性；加快构建现代职业教育体系，努力建设高水平、高层次的技术技能人才培养体系，培养更多高素质劳动大军。

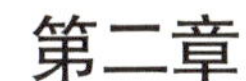

第二章

喜看群众怡笑脸

——如何提高居民收入水平？

2022年春节前夕，习近平总书记走进临汾市汾西县僧念镇段村的一座平房小院，面阔五间、四白落地，门口照壁上彩瓷贴成的一个金色大“福”字，寄托着幸福一家的美好祈愿。这家小院的主人蔡文明是村里有名的养羊专业户。原本是建档立卡贫困户的老蔡，在2016年底就靠养羊摘掉了贫困户的帽子，在当地政府的帮扶下，现如今养羊规模已经发展到了90多只。习近平总书记同老蔡一家人拉起家常，仔细询问养羊收益怎么样。“春天剪绒、冬天卖肉。去年养羊纯收入4万多元，前几天刚刚添了3只小羊羔。”说起家里的变化，老蔡满脸的笑容。

国之称富者，在乎丰民。提高收入水平是人民群众最关心、最直接、最现实的利益问题。习近平总书记指出，坚持在经济增长的同时实现居民收入同步增长、在劳动生产率提高的同时实现劳动报酬同步提高，拓宽居民劳动收入和财产性收入渠道。山西始终把提高人民收入水平放在重要地位，把提高人民收入水平作为逐步实现全体人民共同富裕时代目标的重要内容，多措并举拓展收入渠道，力争城乡居民收入增速超过全国平均水平。

一、提升劳动者素质技能，增加工资性收入

工资性收入是居民可支配收入的重要组成部分。山西实施就业优先战略、提升劳动技能、建立工资稳定增长机制，为人民提供就业机会，让人民有就业能力，不断增加工资性收入。2021年，山西全省居民人均工资性收入为14936元，比上年增加1082元，增长7.8%，增速较上年加快4.4个百分点，拉动可支配收入增长4.3个百分点。

就业优先保障工资性收入合理增长

坚持就业优先战略，山西始终积极发展劳动密集型产业，拓展新经济、新业态就业空间，扩大劳动力市

2017—2021年山西省城乡居民人均可支配收入

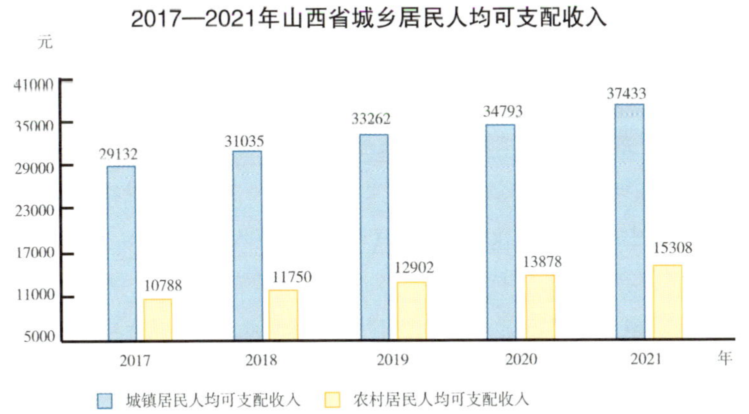

2021年山西省城乡居民人均可支配收入

指标	绝对数（元）	比上年增长（%）
城镇居民人均可支配收入	37433	7.6
其中：工资性收入	21606	7.0
经营净收入	3465	17.7
财产净收入	2577	8.1
转移净收入	9786	5.6
农村居民人均可支配收入	15308	10.3
其中：工资性收入	6860	8.1
经营净收入	3959	9.6
财产净收入	216	5.5
转移净收入	4274	15.1

场，多渠道支持灵活就业。做好重点群体就业工作，千方百计增加居民收入，持续推动发展成果更多惠及人民群众。拓宽高校毕业生就业渠道，鼓励小微企业吸纳高校毕业生就业，扩大基层服务项目、应征入伍等招聘招募规模。落实农民工就业创业政策。支持更多农民工就

·特别关注·

长治市军人创业就业税收服务站

截至2021年底，长治市累计办理退役军人税收优惠备案5004次，落实退役军人税收优惠2857万元。2019年，国家税务总局长治市税务局创立全国首家退役军人创业就业税收服务站，助力退役军人创业就业。2019年至今，服务站对退役军人及家属提供分类创业培训辅导7580人次，牵头连线开展退役军人就业交流活动5次。长治市新增安置退役军人2343人；新增退役军人新办规上经济实体5个，实现增值税销售收入1.5亿元，缴纳增值税850余万元。同时，开展税收帮扶专项活动，解决经商兴业各类难题58件；梳理编印、量身定制各类政策指引5类6000余册。

地就近就业和返乡入乡创业。落实退役军人优惠扶持政策，健全退役军人就业保障制度，对接创新驱动战略、可持续发展战略和军民融合战略，协调各方资源，培育更多退役军人就业增长点。

提升劳动技能促进工资性收入稳步提升

提升劳动者技能、实现产业就业，是提高贫困群众增收能力、巩固扩大脱贫成果的根本途径，是破解结构性就业矛盾、促进经济高质量发展的长远之策。开展职业技能培训提质增效工作，大力开发用工市场，叫响吕

晋中市祁县玻璃器皿生产车间，工人们正在生产出口玻璃器皿。

·特别关注·

一技之长　丈量未来

搭好台子，让技能人才出彩，是广大技能人才所盼所求。吕梁市连续举办了两届职业技能大赛，越来越多的技术工人获得了认可，尊重知识、尊重人才、崇尚技能的氛围在吕梁市日益浓厚。8大类33个职业(工种)，每个工种设一等奖2名、二等奖4名、三等奖6名，分别给予8000元、5000元、3000元的奖励，并颁发相应证书。截至2021年12月，吕梁市共完成职业技能提升培训22.08万人，完成取证11.51万人，其中新增技能人才6.46万人，新增高技能人才2713人。吕梁山护工、石楼福海厨工、岚县土豆宴厨师……一系列吕梁特色劳务品牌叫响全国，一批又一批的农村劳动力参加技能培训，拥有一技之长，实现了自己的发家致富梦。

梁山护工、天镇保姆等特色劳务品牌。对照产业转型发展需要的技能人才和乡村振兴需要的高素质农民，优先选择“政企行校”的产教融合基地，开展定向式培训，每期培训3至6个月，给予不超过10000元的培训补贴。由此，进一步提高劳动者劳动技能，促进工资性收入稳步提升。

建立工资稳定增长机制

工资的正常增长机制是现代工资制度的重要特征。建立工资正常增长机制，有利于保障劳动者的工资跟上社会经济发展的步伐，确保工资收入按时发放。

加大对企业工资分配的调控力度。推动各类企业建立健全工资分配协商确定机制、工资收入合理调整机制、工资按时足额发放机制和治理欠薪长效机制。按照山西省委、省政府部署，各部门做好省属国有企业负责人薪酬制度改革工作，指导督促各市县推进市县属国有企业负责人薪酬制度改革。

稳定机关事业单位人员收入增长。建立公务员和企业相当人员工资水平调查比较制度，使公务员工资水平与市场工资更加匹配。按照国家统一部署，推进职务与职级并行制度的实施。调整优化工资结构，降低津补贴占比，提高基本工资占比，建立机关事业单位工资正常调整机制。提高艰苦边远地区津贴标准，研究制定地区附加津贴实施方案。

调整完善改革性补贴政策。提高住房公积金覆盖面，逐步实现住房公积金用人单位全覆盖。逐步提高住房公积金缴存比例。积极落实住房分配货币实施政策，推进住房分配货币化补贴工作，对无房户职工和住房面积未达标准的职工发放住房补贴。

二、鼓励创业带动就业，增加经营性收入

经营性收入是居民收入的重要来源，对中低收入群体的增收作用明显。山西不断优化创业环境、加大创业

资金支持力度、发展现代农业增加经营性收入，鼓励创业带动就业，切实增加居民经营性收入，提高居民获得感。2021年，山西全省居民人均经营净收入为3688元，比上年增加438元，增长13.5%，增速与上年比较，加快8.9个百分点，拉动可支配收入增长1.7个百分点。

优化创新创业生态环境

创业环境既是激发创业种子生根发芽、促进创业要素加快聚集的关键推动力，又是保障创业不断成长的必要条件，是创新创业兴起和发展壮大的土壤和载体。

落实好现有的创业扶持政策。进一步落实和完善鼓励支持民营经济、小微企业发展的政策措施，切实把财政支持、税收优惠、收费减免、场地审批、社会保险、公共服务等方面的政策落到实处，扎实推进全民创业。按照“非禁即入”的原则，进一步放宽投资领域，降低准入门槛，扩大政策覆盖面，将扶持创业带动就业的优惠政策覆盖面延伸到各类劳动者，从而鼓励更多的下岗失业人员、军转干部及高校毕业生自主创业。进一步激活区域资本市场，引导和鼓励民间资本进入基础产业、基础设施、市政公用事业、社会事业、金融服务等领域。

加快行政审批制度改革。创新服务方式，优化发展环境。进一步精简放权，下放省本级行政审批事项，省级有关行政部门再次集中审核清理行政审批事项和相关文件，与国务院已取消和调整的行政审批事项积极对接，再次取消一批行政许可和非行政许可项目的审批事项，再次向企业和市县下放一批行政审批事项。进一步减少行政审批项目，优化审批流程，改善审批服务，推动政府职能转变。进一步扩大基层单位和地方的权限，调动基层单位和地方的积极性。持续优化山西政务环境。

提供良好的创业环境和服务。加快创业园区建设，为返乡农民工、退伍军人、高校毕业生等各类有创业意愿的人员提供创业平台。扩大创业培训范围，对符合条件人员按规定给予创业培训补贴。依托公共就业服务体系，建立公共创业指导中心。完善创业项目开发、征集、论证、推介机制，促进项目与创业者有效对接。利用经济开发区、工业园区、高新技术园区、大学科技园区、中小企业创业基地、星火培训基地、科技成果转化服务中心等企事业单位，建立一批创业孵化基地及创业见习（实训）基地。组织开展创业成果展示活动，多渠道、多形式宣传创业政策和成功典型，营造全社会崇尚创业、支持创业、竞相创业的良好氛围。

加大创业资金支持力度

多渠道筹集设立创业引导资金。完善创业就业扶持资金、小额贷款担保基金和就业培训补贴政策。加强创业孵化基地、创业园区、创业项目库以及创业指导服务机构建设，着力优化创业环境，使更多的劳动者成为创业者。各级政府要设立创业基金，用于支持劳动者自主创业。2021年，已下达中央和省级就业补助资金18.24亿元，用于支持高校毕业生、贫困劳动力、就业困难人员、退役军人等群体的就业创业工作；设立省级创业担保基金，累计完成放贷29.34亿元，惠及5682户，平均放大社会投资倍数达到2.68倍。2022年6月，山西出台《关于进一步做好稳就业保就业工作的通知》，出台一揽子措施推动就业，对高校毕业生首次创业并带动1人以上就业，在工商注册且有纳税行为或缴纳社会保险费后，给予15000元的扶持。

拓宽农民经营性收入渠道

持续推进设施农业规模化发展、标准化建造、机械化生产、商品化处理、品牌化销售、产业化经营，依托龙头企业、专业合作社增强产业带动农民增收作用。让农民成为有尊严有吸引力的职业，乡村振兴就有源头活水，农业农村高质量发展就能持续注入新动能。

发展特色现代农业，挖掘农业内部增收潜力。立足山西的资源禀赋和产业特色，构建汾河平原、上党盆地、雁门关、太行山、吕梁山和城市郊区六大发展区域，打造运城优质果麦产业化示范区、太原都市农业多功能示范区、上党特色生态农业示范区和朔州草牧种养加发展示范区四大集群示范区，实施粮食、果业、蔬菜、杂粮、中药材、畜牧、农产品加工、休闲观光农业八大产业提升工程。加快推进晋中、长治国家现代农业

长治市大力发展中药材产业，进一步提高当地群众收入，图为平顺县振东道地药材开发公司工作人员正在分拣中药材。

示范区建设，引领山西特色现代农业发展。推进农业供给侧结构性改革，不断提升农业综合生产能力、可持续发展能力和市场竞争能力，努力走出一条产出高效、产品安全、资源节约、环境友好的山西特色农业现代化道路，保持农业稳定发展和农民持续增收。

培育壮大农村新业态，开辟农民增收新途径。用新思维、新理念、新技能，为更多农民增收致富打开了一扇门。提高农产品加工转化率和附加值，加强农业产业链的纵向拓展，补齐农产品加工短板，加强农产品深加工，实现食品和农副产品精深加工快速增长，让农民获得更多产业链延长增值收益。加强农产品流通基础设施和农村现代物流配送体系建设，创新流通方式和流通业态，推进电商与实体流通相结合，把山西特色优质农产品推向全国市场和国际市场，促进农产品营销增收。充分利用农村青山绿水、农业田园风光，大力发展生态农业、休闲农业等新业态，提升农业的生态价值、休闲价值和文化价值，让农民尽享农业多功能带来的收益。

创新农业经营形式，构建农民利益分享机制。坚持主体多元化、服务专业化、运行市场化的方向，培育发展壮大家庭农场、农民合作社、农业产业化龙头企业等新型经营主体，构建政府主导与社会广泛参与相结合、专项服务与综合服务相统一的新型农业社会化服务体系。积极发展多种形式适度规模经营，开展农民以土地经营权入股农民合作社、农业产业化龙头企业试点，让农民分享产业链增值效益。发展订单农业，引导龙头企业与经营主体形成稳定购销关系。鼓励新型经营主体与大型超市、连锁酒店、大企业、高校、社区等最终用户实现产销衔接。鼓励支持有条件的新型经营主体建设农产品仓储、冷藏等必要设施，为农业生产经营提供服务。建立健全由财政支持的农业信贷担保体系，财政对具有一定规模、带动农户增收明显的规模经营主体给予扶持。

三、拓宽增值渠道，增加财产性收入

财产性收入是衡量国民富裕程度的重要指标，有利于切实保障和改善民生、持续扩大中等收入群体。山西鼓励居民财产向资本转化、健全资本市场体系、积极推进农村产权制度改革，不断增加居民财产性收入。2021年，全省居民人均财产净收入为1509元，比上年增加123元，增长8.9%，增速与上年比较，加快2.8个百分点，拉动可支配收入增长0.5个百分点。

鼓励居民财产向资本转化

完善公民财产权保护制度。加大财产权益保护力度，增加各类物权收益。依法保护国家、集体和私人的物权，保障公民、法人及其他组织各类动产和不动产的合法收益。健全知识产权保护制度，完善知识产权入股和参与分配政策。依法打击非法集资等行为，保障居民财产安全。坚决纠正和查处涉农乱收费、乱罚款和各种集资摊派。坚决杜绝农村中小学乱收费、向农民专业合作经济组织乱收费和哄抬农资价格增加农民负担的问题发生。

鼓励资金、技术、管理等要素参与收入分配。建立健全以实际贡献为评价标准的科技创新人才薪酬制度，鼓励企事业单位对紧缺急需的高层次、高技能人才实行协议工资、项目工资等。加强知识产权保护，完善有利于科技成果转移转化的分配政策，探索建立技术入股、成果入股、岗位分红权激励等多种分配办法，保障技术成果在分配中的应得份额。完善高层次、高技能人才特殊津贴制度。允许和鼓励品牌、创意等参与收入分配。高校、科研院所和国有企业单位职务发明成果所得收益，按比例划归参与研发的科技人员及其团队拥有。

拓宽民间资本投资渠道。研究制定鼓励居民资产投资的相关政策法规，不断优化财产性投资环境。加快发展多层次资本市场，落实上市公司分红制度，强化监管措施，保护投资者特别是中小投资者合法权益。积极发展各类金融服务机构，发展产业投资基金、风险投资基金等各类股权投资基金，鼓励优质企业上市，规范和健全资本市场，引导民间融资健康发展。鼓励低收入农户参加专业合作、劳务合作和农地合作。丰富债券基金、货币基金等基金产品。支持有条件的企业实施员工持股计划。拓宽居民租金、股息、红利等增收渠道。

·特别关注·

山西省政府债券首次通过柜台发行

山西省政府债券是政府发行的、约定一定期限内还本付息的政府债券。2021年7月8日，山西首次通过商业银行柜台市场发行山西省政府债券。当天发售开始前，各银行专柜和服务点就已人头攒动。至16时，3.6亿元债券全部售罄。地方债销售现场的火爆，反映出老百姓和中小机构投资者对政府债券的充分信任。

在以往银行间债券交易市场和证券交易市场主要面向银行和券商等机构投资者发行基础上，山西进一步拓宽发行渠道，面向个人和中小机构投资者发行债券，个人可以通过商业银行营业网点、网银等渠道认购和买卖政府债券。此次发行的山西省政府债券，债券品种为“一般债券”，期限3年，发行面值总额不超过21.36亿元，其中通过商业银行柜台市场发行的债券面值不超过3.6亿元。地方政府债券面向个人投资者发售，有利于稳定和增加居民财产性收入，改善居民消费预期和环境。

健全资本市场体系

发展产权交易市场。加快发展产权交易市场，探索多样化的产权出让主体、产权收购主体、多样化的产权品种和产权交易类型，扩大居民投资领域。规范发展机动车二级市场、存量商品房市场和房屋租赁市场以及艺术品交易市场，在国家现行政策内保障城乡居民物权收益。

推进投融资体制改革。发挥金融服务平台和股权交易中心作用，鼓励企业通过多种方式融资，提高直接融资比重。支持中小微企业发行私募债。争取更多企业在全国中小企业股份转让系统（新三板）挂牌。建立健全金融机构支持地方经济发展的考核激励机制。

加大金融创新力度。截止到2022年4月，山西金融机构本外币各项存款余额50306.0亿元，比上年同期末增长14.9%；各项贷款余额35598.6亿元，增长10.0%。积极引导新兴产业创业投资，支持金融机构开展消费金融创新，开发储蓄、债券、保险、股票、期货、基金、外汇、黄金、信托资产等金融产品，推出适合大众需求的投资少、稳健型、多样化的金融理财产品。发展信托、融资、租赁和财务公司。规范发展民间金融，鼓励引导民间资金直接投资。放宽居民投资领域，降低投资门槛和交易费用。普及理财知识，增强居民投资理财能力与风险防范能力。

持续深化农村产权制度改革

全面推进农村土地承包经营权、集体土地所有权、集体建设用地和宅基地使用权等确权登记发证，进一步明确农村土地权属。严格执行征地拆迁的有关法律法规和政策规定，认真落实国家征地制度，提高征地补偿标准。加大政策引导力度，培育和健全农村产权流转交易市场，积极稳妥发展多种形式的适度规模经营。建立土地承包经营权流转有形市场，为土地承包经营权流转提供供需信息、政策咨询、合同签订指导及科技服务。加快建立城乡统一的建设用地市场，推进集体建设用地入市。发展土地股份合作、农村社区股份合作等农村合作经济组织，增加农民股份合作收入。建立规范有序的林权交易市场，逐步提高森林生态补偿基金标准。持续深化农村集体产权制度改革，支持农村集体经济发展壮大，让农民获取更多的集体资产收益。

四、优化政策供给，增加转移性收入

转移性收入是有效发挥政府作用的重要体现。山西健全城乡社会保障体系、完善社会救助政策、增加公共财政投入、加大“三农”投入力度，增加转移性收入。2021年，全省居民人均转移净收入为7293元，比上年增加569元，增长8.5%，拉动可支配收入增长2.3个百分点。

健全社会保障体系，提高人民群众生活品质

社会保障是调节收入分配和增进民生福祉的重要制度安排，是共享发展成果的重要形式，是社会大局稳定的重要影响因素。

完善社会保障制度。落实机关事业单位养老保险改革措施，促进个体灵活就业人员等群体参保，进一步完善覆盖城乡的社会保障体系。健全完善城乡居民养老保险制度，逐步提高城乡居民养老保险水平。健全基本医疗保险制度，积极推进城乡居民基本医疗保险制度整合。完善工伤、生育保险政策。提高医疗、工伤、失业、生育保险统筹层次，提升社保基金的保障能力。

2021年12月，《山西省失业保险基金省级统筹实施

方案》出台，启动统收统支的失业保险基金省级统筹制度，2022年逐步配套、规范完善，自2023年1月1日起实行失业保险基金省级统收统支。同时，山西将推动社会保险由制度全覆盖到法定人群全覆盖。“十四五”末，全省参加基本养老保险、失业保险、工伤保险人数分别力争达到2661万人、485万人、640万人。

提高社会保障水平。健全多缴多得、长缴多得激励机制，建立和完善企业退休人员基本养老金正常调整机制，逐步提高企业退休人员基本养老金水平。建立城乡居民社会养老保险基础养老金正常增长机制和财政保障机制。整合城乡居民医保制度，提高统筹层次，逐步缩小城乡居民个人缴费标准，统一城乡居民医保保障范围和支付标准。完善城镇居民基本医疗保险、新农合、城乡居民大病保险筹资机制和财政补助增长机制。健全失业保险待遇与物价上涨、经济发展挂钩联动机制，逐步提高工伤、生育保险待遇水平。

建立国有资本收益全民共享机制。全面建立覆盖全部国有企业、分级管理的国有资本经营预算和收益分享制度。适当提高国有企业国有资本收益上交比例，将国有资本收益按一定比例调入一般公共预算用于社会保障等民生支出。建立健全资源有偿使用制度和生态环境补偿机制。完善公开公平公正的国有矿产、土地、森林、水等公共资源有偿出让机制，改进矿业权价值评估及收益分配办法。建立健全公共资源出让收益全民共享机制，出让收益主要用于生态修复、基础设施建设及教育、医疗卫生、社会保障、社会救济等公共服务支出。

完善社会救助政策，加大困难群体帮扶力度

加大救助帮扶力度。完善低保标准动态调整机制，逐步提高城乡居民最低生活保障水平。提高优抚对象抚恤补助标准。稳步提高农村五保供养标准，改善五保对象生活条件。加大对因灾因病致贫返贫等困难群众及特殊群体的救急和帮扶力度。建立健全经济困难的高龄、失能等老年人补贴制度。完善孤儿基本生活保障制度，推进孤儿集中供养，建立其他困难儿童生活救助制度。建立困难残疾人生活补贴和重度残疾人护理补贴制度。

健全临时救助制度。对严重困难的低保家庭、城乡低保边缘户因灾因病和突发事件造成生活临时困难家庭以及其他特殊困难群体及时提供临时救助。动员社会力量参与慈善捐助、扶贫济困。鼓励工会等社会团体开展多形式的互助互济活动。不断强化社会救助的基本民生保障兜底职能，强化“分类施保”“收入扣减”“低保

渐退”“单人保”等保障措施，健全完善“一门受理、协同办理”、动态管理、家庭经济状况核对、工作监管、投诉举报、部门衔接、绩效评价等工作机制，为各项救助制度的有效实施奠定坚实基础。

增加公共财政投入，减少公共服务消费支出

推进基本公共服务均等化。继续加大公共财政对教育、医疗、文化等民生事项的投入，提高经费保障水平。加快构建覆盖城乡的学前教育公共服务体系。深化医药卫生体制改革，健全公共卫生和基本医疗服务体系，推进公立医院改革。加快完善城乡居民基本养老保险制度。加快建设覆盖城乡、惠及全民的公共文化服务体系。

加大城乡住房保障力度。建立市场配置和政府保障相结合的住房制度，加强保障性住房建设和管理。大力发展公共租赁住房，使其成为保障性住房的主体。实现城镇低收入住房困难家庭公共租赁住房全覆盖。完善住房公积金制度，逐步实现住房公积金缴存单位全覆盖。

健全民生支出保障机制。深化财政体制改革，优化财政支出结构，加大对教育、就业、社会保障、医疗卫生、保障性住房等方面的支出。严格控制行政事业单

位机构编制。从严控制财政一般性支出，严格控制“三公”经费，降低行政成本。大力推进“三公”经费使用情况向社会公开工作。

五、健全收入增长机制，优化财富分配格局

收入分配是民生之源，是改善民生、实现发展成果由人民共享最重要最直接的方式。在经济平稳增长的基础上，山西完善按要素分配政策制度，健全工资合理增长机制，持续提高低收入群体收入，扩大中等收入群体。灵活运用三次分配制度优化财富分配格局，提高劳动报酬在初次分配中的比重，加大税收、社会保障、转移支付等再分配调节力度和精准性，发挥慈善等第三次分配作用，规范收入分配秩序，积极有为地促进共同富裕。

着力保护和提高劳动报酬

坚持多劳多得，鼓励勤劳致富，着重保护劳动所得，增加劳动者特别是一线劳动者的报酬，提高劳动报酬在初次分配中的比重。进一步完善反映市场供求和经济效益的工资决定机制、合理增长机制和支付保障机制。切实保障农民工工资支付，形成治欠保支的法治化

氛围。

健全要素参与分配机制。构建更加完善的要素市场化配置体制机制，建立健全统一的要素市场。强化人力资源市场建设，优化人力资本投入，提升劳动要素市场化配置水平。拓宽居民收入来源渠道，深挖经营性及财产性收入增长潜力。深化农村土地制度改革，建立健全城乡统一的建设用地市场，鼓励盘活存量建设用地，赋予农民更加充分的土地财产权利。加快发展多层次资本市场，完善租购并举住房制度。强化以增加知识价值为导向的收入分配政策，充分尊重科研、技术、管理人才。构建数据要素收益分配机制，建立健全数据权属、公开、共享、交易规则，加强数据资源整合和安全保护。

持续提高低收入群体收入。确保低收入者平等享有参与义务教育和职业技能培训的权利，加快提升低收入群体受教育水平和技能水平，使其通过提高劳动素质获得更多收入。高度警惕和有效防范脱贫人口返贫风险和边缘人口致贫风险，将防止返贫摆到更加重要的位置，完善防止返贫监测和帮扶机制，及时将返贫和新致贫人口纳入帮扶。探索建立农村低收入人口和欠发达地区帮扶的长效机制，把相对贫困地区纳入国家区域协调发展总体战略和乡村振兴战略实施的重点区域，构建支持相对贫困地区

大同市阳高县花苑村做大做强种植业，设施农业基地与移民新居共同舒展开一幅乡村振兴的美丽画卷。

加快发展的政策体系，推动资金、项目、人才、技术等向贫困地区倾斜，激发解决相对贫困的内生动力。

扩大中等收入群体规模。培育发展高附加值头部产业，大力扶持现代服务业发展，在推动产业结构迈向中高端的过程中扩大优质就业岗位数量，提高就业稳定性和就业质量，进而提升收入水平。激发新型职业农民、技能人才、科研人员、企业经营管理人员、小微创业者等重点群体活力，大力扶持中等收入群体后备军。完善国家基本公共服务标准，促进各地标准水平衔接协调，提高基本公共服务的可及性和均等化程度，切实减轻家庭居住、教育、医疗、养老等支出负担，提升中等收入群体安全感、获得感。鼓励地方大胆探索，率先试验，结合山西实际和已有工作基础灵活施策，并对好的经验做法进行复制推广。

加大再分配调节力度和精准性

再分配制度是推进收入分配公平、促进共同富裕的关键。强化促进社会公平的再分配制度，集中体现在税收、社保、转移支付三个方面，关键在于加大调节力度和提高调节精准性。一是优化税制结构和税收调节体系，加大税收在调节居民收入分配方面的力度，山西建立完善个人收入和财产信息系统。二是健全多层次社会保障体系，充分发挥社会保障在促进社会公平方面的重要作用。山西不断完善公平可持续的社会保障体系，在养老、医疗等方面切实保障困难群体基本生活。三是健全转移支付制度，增强精准性，提高资金使用效率。山西制定各项措施，确保加大转移支付力度和精准性，健全社会救助家庭经济状况核对机制，落实社会救助和保障标准与物价上涨挂钩联动机制，加大对城市困难职工解困脱困和帮扶力度。

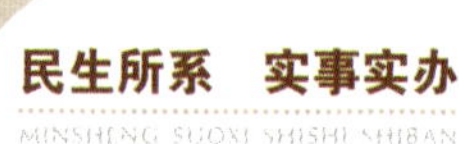

积极发挥第三次分配作用

慈善事业是新时代中国特色社会主义事业的重要组成部分，是第三次分配的主要方式，是缩小收入差距、促进共同富裕的重要手段。山西重视发挥慈善在第三次分配中的重要作用，引导慈善组织和慈善力量积极参与乡村振兴，服务于社会救助、养老服务、儿童福利、残疾人福利和社区治理等民生事业。推进慈善组织、慈善

信息平台全过程透明化管理，建设阳光慈善，积极营造“人人向善、人人行善”的良好社会氛围。

2021年10月，山西遭遇最强秋汛，全省累计接收捐赠款物17.39亿元，有力地保障了困难群众的灾后重建工作。2022年春节期间筹资5330万元，慰问困难群体和受灾群众，其中630万元专门用于帮助受灾群众重返家园、入住新居，欢乐过年。

第三章

千秋伟业强基石

——如何构建公平优质教育体系？

2022年5月18日，是我国第46个国际博物馆日，长治市上党区王坊中心小学的学生们走进上党戏剧博物馆，零距离接触戏曲文化，沉浸式领略艺术魅力。几个回合的学习后，学生们拿着折扇模仿“贵妃”走步，一些学生还尝试着甩水袖。这是当地落实“双减”政策、优化知识结构的一次尝试，让孩子从繁重的作业负担中解放出来，还童年应有的色彩，让教育回归本真。作为全国9个“双减”试点城市之一，长治在政策落地见效上快走一步，先行先试“减”出成效，学生的书包“瘦身”，课后服务“精彩”，校外培训也“规范”了，一系列可喜变化正在发生。

教育关系着千家万户，关系着国家和民族的发展与未来。习近平总书记多次强调要优先发展教育事业，要努力让每个孩子都能享有公平而有质量的教育。山西坚持以人民为中心，教育改革发展不断取得新突破，老百姓家门口的好学校越来越多，教育在全省经济社会发展中的基础性支撑性作用显著增强。今后山西将继续以教育高质量发展为主题，以立德树人为根本任务，以办好人民满意的教育为根本目的，坚持和加强党对教育工作的全面领导，加快构建公平优质教育体系，为全方位推动高质量发展提供强有力的人才和智力支撑。

一、促进基础教育高质量发展

教育决定着人类的今天，也决定着人类的未来。基础教育在国民教育体系中处于基础性、先导性地位。办好家门口的好学校，让每一个孩子都能好入学、入好学，是办好人民满意教育的核心要义。山西深入贯彻落实全国基础教育工作会议精神，全面提高基础教育质量，不断完善和优化基本公共教育服务体系，逐渐健全学前教育、义务教育、特殊教育和高中阶段教育保障机制，大力推进基础教育高水平发展。

推进学前教育普及普惠发展

近年来，我国的学前教育快速发展，基本实现了普及普惠目标，但仍是整个教育体系最薄弱的环节。随着三孩政策实施，普惠性资源区域性、结构性短缺的矛盾依然存在，需要继续实施“学前提升计划”，在巩固普及普惠成果的基础上，进一步破解制约学前教育体制机制的瓶颈问题，健全普惠性学前教育保障机制，不断提高普及普惠水平，全面提升幼儿园保教质量。

山西始终坚持学前教育公益普惠的基本属性，扩大普惠性学前教育资源，大力发展公办幼儿园，积极

·数说山西·

总体看，山西基础教育主要发展指标均高于全国平均水平，全省学前教育、高中阶段教育基本普及，所有县（市、区）义务教育基本实现均衡。截至2021年末，全省共有幼儿园7252所，小学4668所，初中1538所，普通高中517所，中等职业教育学校411所，普通高等学校82所，成人高等学校9所。全省学前教育毛入园率95.78%，小学学龄儿童净入学率99.99%，高中阶段毛入学率95.47%。

扶持普惠性民办幼儿园，将城镇小区配套幼儿园办成公办园或委托办成普惠性民办幼儿园，将普惠性幼儿园建设纳入城乡公共管理和公共服务设施规划，以县为单位制定幼儿园布局规划；鼓励优质公办幼儿园举办分园或合作办园，支持机关、国有企事业单位、街道等集体组织办园；原则上每个乡镇至少办好1所公办中心园。到2025年，山西将建立起广覆盖、保基本、有质量的县乡村三级学前教育公共服务体系。

推进义务教育优质均衡发展

山西始终将义务教育作为重大民生工程，抓住国家和省实施重大工程的机遇，大力改善办学条件，推动全省所有县（市、区）通过县域义务教育基本均衡国家督导评估认定，从基本均衡向优质均衡迈进。

山西持续强化义务教育政府保障责任，依法保障适龄儿童、少年接受义务教育。加强省市统筹，所有义务教育学校办学条件、教师编制、生均公用经费基准定额、基本装备配置以及学校管理等都达到国家底线和省定办学标准，实现城乡基本公共教育服务均等化。坚持就近就便服从就优原则，优化城乡义务教育学校布局，以县（市、区）为单位制定义务教育学校布局规划，加快小学向乡镇以上集中、中学向县城积聚。优化义务教育公民办结构，规范民办义务教育发展，持续落实义务教育学校免试就近入学全覆盖。到2025年，山西将力争有20%以上的县（市、区）通过

·特别关注·

2022年山西7地入选教育部义务教育优质均衡先行创建县（市、区、旗）名单

◎太原市迎泽区
◎阳泉市郊区
◎长治市长子县
◎晋城市阳城县
◎晋中市介休市
◎运城市垣曲县
◎吕梁市孝义市

临汾市襄汾县少年硅谷人工智能中心，教师正在指导小朋友们制作航模。

“放心午餐”工程在我省城镇小学逐步推进。

国家义务教育优质均衡发展督导评估认定，加快义务教育从基本均衡向优质均衡迈进步伐。

高质量普及高中阶段教育

山西统筹普通高中和中等职业教育发展，保持普通高中与中等职业教育规模大体相当，全面普及高中阶段教育，逐步缩减超大规模普通高中数量，消除普通高中大班额。每个县重点办好1所中等职业学校，支持各市举办综合性中等职业学校。实施县域普通高中振兴行动计划，每个县至少建好办强1所公办普通高中，所有普通高中学校办学条件达到国家和省定标准。

山西不断深化普通高中育人方式改革，实施普通高中新课程改革，有序推进选课走班，落实国定办学质量评价标准，促进普通高中办学模式、课程设置、培养方式等多样化；建立省级学生综合素质评价信息管理系统。提升中等职业教育办学水平，增强职业教育的吸引力，适度扩大招生规模。逐步建立普通高中和中等职业学校学分互认制度，支持有条件的高中阶段学校与高校、科研机构等合作培养人才。做好内地民族班教育、管理和服务工作。到2025年，教学改革深入推进，科学的教育评价和考试招生制度基本建立，高中阶段教育形成多样化有特色发展的格局。

保障特殊群体受教育权利

特殊教育是教育事业的重要组成部分，是建设高质量教育体系的重要内容，是衡量社会文明进步的重要标志。山西深入实施特殊教育提升计划，提高特殊教育普及水平、教育质量和保障条件，特殊教育从无到有、加快发展，残疾人享有平等受教育权正在实现。完善特殊教育体系，以随班就读为主体，以特殊教育学校为骨

·特别关注·

以优质教育阻断贫困代际传递

太原市阳曲县首邑学校，曾经是全国唯一一所集中对建档立卡贫困户子女进行教育扶贫的学校，全校整合山区零散教学点12个，全县10个乡镇、50多个行政村的贫困户子女实现集中就学。学生的四季校服、宿舍被褥及公寓用品、学习资料、文具，乃至伙食费、每周往返交通费和接送费，都由县委、县政府按照每生每年5000元兜底支付。学校突出扶志扶智，注重养成教育，组建了教学、活动、生活等多个管理团队，科学安排师生学习生活，针对性开展心理疏导、生活指导、立志成才、建设家乡等教育，鼓励孩子们好好学习，坚定信念，阻断贫困代际传递。

除中小学国家课程，还开设有足球、篮球、跆拳道、拉丁舞、古筝、滑板、非洲鼓、书法、美术等丰富多彩的文体课程，只在电视上见过的趣味课程，进入山区孩子的课堂；教师年轻化、高学历化，业务水平突出且爱生如子；教学设施设备是全县最好的……过去奢望的优质教育竟然变成了现实。首邑学校被评为“全国教育系统先进集体”，校领导在人民大会堂受到了习近平总书记、李克强总理等党和国家领导人的亲切接见。在全国脱贫攻坚总结表彰大会上，该校荣获“全国脱贫攻坚先进集体”称号。

干，以送教上门和远程教育为补充，为残疾人提供适宜的教育，逐步扩大残疾人接受学前教育、高中阶段教育的机会。

为迎接北京2022年冬残奥会，山西省残联和中国残疾人体育管理中心在太原市共同举办了全国第六届残疾人冰雪运动季示范活动暨冬残奥宣讲及体验进基层服务活动，以“拥抱冬残奥、健康你我行”为主题，在全省各地广泛开展冬残奥知识和残疾人冬季运动项目宣讲。在全国残疾青少年冬奥、冬残奥主题绘画作品征集活动中，山西有88幅作品入选，反映了残疾青少年风采和特殊教育成果。

二、构建特色鲜明的高等教育体系

站在新时代高等教育的新起点上，面对高等教育的新形势、新使命、新挑战，习近平总书记明确提出，要加快一流大学和一流学科建设，实现高等教育内涵式发展。山西全方位推动高质量发展对科学知识和优秀人才的渴望，比以往任何时候都更为迫切。山西深入实施科教兴省战略，谋划和推动山西高等教育迈向新的更高水平。

推动高校分类发展

山西实施非均衡发展战略，对高等院校和学科实施分层分类建设评价，鼓励和引导不同类型建设院校和学科合理定位，凝练特色。山西通过精准施策，不断完善高等学校分类发展体系。《山西省“十四五”教育事业发展规划》明确提出，加快推动“双一流”建设高校内涵式高质量发展，支持山西大学、太原理工大学、中北大学率先发展，实施“双一流”种子学科培育工程，推动“双一流”建设取得明显成效，增强服务国家重大战略和山西全方位推动高质量发展能力，充分发挥示范引领作用。

大力支持其他具有博士学位授予权的高校提高本科教育质量，培养学术研究型和应用研究型人才，增强研究生培养能力，突出学科专业优势和特色，提升科学研究水平和服务能力，建设成为特色鲜明、居于全国地方同类高校前列的高水平大学。山西将推动其他具备条件的本科高校向应用型转变，培养适应区域和行业发展需要的应用型人才，适时开展专业学位研究生教育，开展技术研发、项目实施、技术推广和成果转化，建设成为特色鲜明和对区域发展有重要影响的应用型高校。

优化高等教育结构

山西高等教育紧密围绕服务全方位推动高质量发展需要这一主题主线，从本科专业入手，调结构、提质量、强服务、促融合，扎实推进高等教育人才供给侧改革。大幅度优化高等教育结构布局，坚持刀刃向内，坚决撤停“低质、错位、过剩”专业，从严控制高等学校数量，优化存量，做优增量，新增高等教育资源向新型城镇化地区、产业集聚区布局，积极举办填补山西办学类型空白的艺术类、外语类本科高等学校。

山西将办名办优综合类大学，做强做优理工类大学；深化山西农业大学与山西省农业科学院合署改革；完成山西师范大学迁建工作，加快提升办学实力；完成独立学院转设；优化层次结构，稳定本科规模，扩大研究生规模，支持具备条件的高校立项建设硕士、博士学位授予单位；优化学科和学院结构，推动学科专业一体化建设；优化专业结构，建立与山西产业转型发展需求高度契合的专业结构体系，持续推动本科专业调整优化；增强与山西建设“14+N”战略性新兴产业集群相关的人才培养能力；提升医学、教育学类专业办学层次，稳定哲学、法学、理学等专业办学规模，整合文学、历史学、经济学、管理学等专业。

全面推进本科教育振兴

高教大计，本科为本。要把本科教育放在人才培养的核心地位、教育教学的基础地位、新时代教育发展的前沿地位。全面推进本科教育振兴是实现高等教育内涵式发展的必要条件，对提升人才培养质量具有重要意义。2021年，山西5所独立学院成功转设，实现了全省11个设区市本科高校“全覆盖”。同时，山西进一步加快建设一流本科教育，深化高等学校教学改革，执行本科专业类教学质量国家标准及相关行业标准，提高课堂教学质量，持续深化新工科、新农科、新医科、新文科建设，推进跨专业、跨学科、跨院系、跨学校交叉培养。

山西将落实卓越人才培养等国家系列计划，实施省级一流专业、一流课程、新型学院等省级计划；实施保合格、上水平、追卓越本科专业三级专业认证，稳步开展与国际标准实质等效的专业认证；落实教授为本科生

·特别关注·

山西高校4个教研室入选教育部第二批虚拟教研室建设试点

2022年6月，教育部办公厅公布了第二批虚拟教研室建设试点名单，山西大学、中北大学、山西医科大学、太原科技大学4所高校的4个教研室入选，这也是继2022年初太原理工大学入选首批建设试点后，山西高校再次在国家级新型基层教学组织建设中取得优异成绩。

据介绍，虚拟教研室是信息化时代新型基层教学组织建设的重要探索，是解决“智能+”时代下高校跨专业、跨校、跨地域的教研交流的重要手段，引导教师回归教学、热爱教学、研究教学，为促进山西高等教育高质量发展提供了有力支撑。

据悉，教育部共在268所高校中立项建设了658个国家级虚拟教研室建设试点，其中地方高校共175所。山西共有5所高校获批立项建设，占立项地方高校总数的2.86%，山西普通本科高校国家级虚拟教研室建设试点覆盖率达到了15.6%，建设内容包含课程教学、专业建设、教学研究改革等全部类型，形成了一定的示范带动和辐射引领作用。

授课制度，推动“两院”院士、国务院特殊津贴专家、“长江学者奖励计划”入选者、国家重大项目主持人等领军人才带头授课，打造精品课程。

深化研究生培养模式改革

山西聚焦立德树人根本任务，结合高等院校学科专业特点和发展规律，深化研究生培养模式改革，探索科研育人新途径和产教融合新模式，积极推进研究生教育内涵式发展。进一步规范和加强研究生培养管理，完善科教融合育人机制，加强学术学位研究生知识创新能力培养，鼓励高校以大团队、大平台、大项目支撑高质量研究生培养；强化产教融合育人机制，加强专业学位研究生实践创新能力培养；组织实施“产教融合研究生联合培养基地”建设，着力提升研究生实践创新能力；督促各培养单位突出立德树人根本任务和要求，切实加强导师队伍建设，鼓励评选优秀导师和优秀导师团队。

山西鼓励各培训单位紧密结合经济社会发展需要，完善课程设置，优化课程体系，加强教材建设，创新教学方式，突出创新能力培养，高校科研实力显著提升，在服务全省转型发展中发挥着越来越重要的作用。2021年，山西大学斩获国家自然科学奖二等奖、国家科

·数说山西·

高校学科专业建设取得显著成效

截至2021年底，全省高校3年时间共撤销停招“低质、错位、过剩”专业277个，占原有专业总数的23%；撤销陈旧专业方向100个，占原备案专业方向的71%；新增与转型发展密切相关的本科专业和专业方向超过200个，基本形成与高质量转型发展相匹配的本科专业体系。我省高校还获批建设一批国家级和省级一流专业；打造专业集群，建设了近百个产业学院，基本实现了煤炭、钢铁等基础产业、14个战略性新兴产业集群和酿造、陶瓷等特色产业专门人才培养的全覆盖。2012年以来，我省累计向社会输送博士、硕士毕业生8万余人，普通本专科、中职教育毕业生300多万人，为山西高质量发展提供了强有力的人才支撑和智力保障。

技进步奖二等奖各1项。近年来多个重大创新平台实现“零”的突破，多项国家重大科研项目获批，“引力波探测装置”“高速飞车”“超算中心”等一批重大战略科研项目落地。

加强创新创业教育

习近平总书记明确指出，创新是社会进步的灵魂，创业是推动经济社会发展、改善民生的重要途径。青年学生富有想象力和创造力，是创新创业的有生力量。加强创新创业教育，是推进高等教育综合改革、提高人才培养质量的重要举措。

完善高等学校创新创业教育体系，把创新创业教育融入素质教育各环节、人才培养全过程，统筹实施各类创新创业教育计划，打造一批创新创业教育专门课程、专创结合课程、思创融合课程，推出一批创新创业教育精品慕课。山西要做好创新创业教育专题培训工作，推动科研项目和科研基地向学生开放；加强和规范实习管理工作，加强省级创业示范基地和大学生实习实训基地建设，推动大学生创新创业训练项目实施；规范和实施大学生学科竞赛和创新创业大赛，重点办好“互联网+”大学生创新创业大赛，深入开展“青年红色筑梦之旅活动”。这些措施为提高高等教育质量、促进大学生全面发展、推动毕业生创业就业、服务经济社会发展发挥出重要作用。

三、推动职业教育全面提升

劳动者素质对一个国家、一个民族发展至关重要。职业教育与经济社会发展息息相关，能为山西高质量发展提供有力人才支撑。在新形势下，山西统筹顶层设计和分层对接，加快构建现代职业教育体系，实施职业院校“双高计划”，推进职业院校资源整合、布局调整，健全完善多元办学格局，培养更多高素质技术技能人才、能工巧匠、大国工匠。

加快完善职业教育体系

在义务教育从基本均衡向优质均衡迈进的同时，山西职业教育也在狠抓内涵建设和质量提升。县级以上各级人民政府要整体规划、统筹实施职业教育与转型发展、产业结构调整和技术创新。完善从中职、高职、职业本科和应用型本科到专业学位研究生各学段相互衔接的职业教育体系，深化中高职“3+2”、五年一贯制、专升本、高职与本科贯通培养。推动职业本科学校建设，10所左右普通本科向应用型本科转变，推进职业教育各类学习成果的认定、积累和转换，加强职业培训，完善劳动者接受职业教育制度。到2025年，山西将建立起适应转型发展需要，产教深度融合，学历教育和职业

·特别关注·

职教生的“大国工匠”梦

2021年，山西机电职业技术学院数控工程系组队代表山西参加全国职业院校技能大赛，荣获高职组“数控机床装调与技术改造”赛项团体一等奖。

数控技术专业开办于1986年，是国家“双高计划”数控技术专业群牵头专业，在2021年“金苹果”发布的高职专业排行榜中排名全国第三。近5年，学生在全国职业院校技能大赛国赛中获奖30余项，“数控机床装调与技术改造”赛项连续4年获得全国一等奖，还有学生获得全国大学生数学建模竞赛省内唯一、全国专科组唯一的Matlab创新奖。毕业生中有27人获“全国技术能手”称号，6人获得全国五一劳动奖章，2人被评为山西省特级劳动模范，4人享受国务院特殊津贴。

培训并举，职业教育与普通教育、继续教育横向融通、纵向贯通的现代职业教育体系。

巩固中等职业教育基础地位

发展中等职业教育是普及高中阶段教育和构建现代化职业教育体系的重要基础。以中等职业教育为重点加快普及高中阶段教育，保持中等职业教育和普通高中教育招生规模大体相当，巩固提高中等职业教育发展水平。

山西积极实施省级高水平中等职业学校建设计划。山西将遴选建设60所左右省级高水平中等职业学校，提升办学实力，做强中等职业教育第一方阵；加强中等职业学校达标建设，所有中等职业学校基本办学条件达到国家规定标准；提升县级职教中心社会服务能力，建成面向县域各类学习群体，兼具技术技能人才培养、农村劳动力转移培训、技术培训与推广、扶贫开发、义务教育学生职业启蒙、中小学生劳动教育、社区教育等综合功能的办学实体，更好服务县域经济社会发展；加强中等职业教育与普通高中教育的相互融通。

优化调整高职院校布局结构

发展高等职业教育是优化高等教育结构和培养大国工匠、能工巧匠的重要方式，是让更多城乡新增劳动力接受高等教育的重要保障。山西重组重构高等职业院校布局结构，以优化存量与做优增量为重点，减少高等职业学校数量，优化资源配置，提高办学效益和办学质量。

一方面，山西通过政府主导、财政支持、资产置换、行业企业参与等途径，推进同一区域高职院校实质性合并，将全省高职院校数量逐步减少到每100万人1所左右。山西将推动办学类型相同或专业重复较多的院校合并，减少设区市所属综合类院校数量；对连续3年办学规模在3000人以下、连续5年毕业生就业率低于全省平均水平的院校，并入办学实力较强的院校，或限期整改，整改效果较差的启动退出机制。

另一方面，山西坚持质量与规模协调发展，实施高水平高职院校建设计划，重点建设10所左右省级高水平高职院校和高水平专业群，大力支持列入国家“双高计划”的4所高职院校，推动其增值赋能，充分发挥示范引领作用。山西正在落实国家专业教学标准、课程标准、顶岗实习标准、实训条件建设标准；加强对专业布局的统筹规划，建立学校办学规模、专业设置动态调整机制，专业设置紧密对接山西传统产业高端化、低碳化、智能化发展，紧密对接14个新兴产业集群发展。山西将实施品牌专业建设计划，打造200个职业教育品牌专业；用好国家规划教材，加强教学资源库建设，实现优质教育资源覆盖所有专业。山西实施精品课程建设计划、高水平实训基地建设计划，遴选认定200门省级职业教育精品课程，建设一批高水平专业化实训基地，着力培养一大批弘扬三晋文化、传承技艺技能的三晋工匠后备人才。

四、推进“双减”政策贯彻落实

2021年7月，中共中央办公厅、国务院办公厅印发了《关于进一步减轻义务教育阶段学生作业负担和校外培训负担的意见》，提出“双减”即减轻义务教育阶段学生作业负担、减轻校外培训负担，教育部党组将其作为“一号工程”。为落实好“双减”工作任务，山西各地坚持疏堵结合、标本兼治，出台多项措施，确保全面落实好“双减”政策。

落实“双减”政策的总体要求

落实“双减”政策事关立德树人根本任务，事关国家教育体系根基，事关人民群众高品质生活。山西深入落实“双减”政策，一是严查隐形变异，巩固治理成果。健全违规培训检查常态化机制，严厉打击“线下转线上”“众筹私教”“一对一”“以非学科名义开展学科培训”等违规行为，严管非义务教育阶段学科类培训，防止出现新的“培训热”。二是加强非学科培训监管，补齐治理弱项。强化教育与行业主管部门共治，明确设置标准，加强价格管理，维护学生健康和安全。三是完善工作推动机制，强化督导检查。构建校外培训执法体系，推进监管信息化，继续把“双减”作为教育督导的“一号工程”。四是坚持标本兼治，重构教育体系。深刻认识“双减”的根本目的是倒逼学校，加快实现优质均衡，提升课堂教学质量，改革考试评价，实现基础教育教学整体性变革，促进学生全面健康成长。

落实“双减”政策的山西方案

“双减”政策在山西全省落地实施，给各地义务教育阶段学校带来了新变化新气象。为推动“双减”落地，山西把“双减”作为教育系统和教育督导的“双一号工程”，出台《山西省进一步减轻全省义务教育阶段学生作业负担和校外培训负担实施方案》，第一时间在全省范围内停止审批学科类培训机构，在全国第三家成立校外教育培训监管处，并配套制定课后服务、作业管理、考试管理、“营转非”、收费监管、从业人员等30多个政策文件。

2021年，全省义务教育阶段学科类培训机构和线上培训机构压减率100%；全省建立作业公示制度义务

“双减”政策下，长治市潞州区东关小学举办了一场以“葵宝迎冬奥　一起向未来”为主题的低年级乐考。

·知识链接·

课后服务“5+2”模式：即学校每周5天都要开展课后服务，每天至少开展2小时，结束时间要与当地正常下班时间相衔接，对家长接孩子还有困难的学生，应提供延时托管服务。

教育学校比例、作业时间控制达标学校比例、考试管理符合规定学校比例均为100%；中小学“5+2”课后服务实现“全覆盖”。长治市被确定为义务教育阶段“双减”工

作全国试点，积极探索“5+2+1”菜单式“双选”模式课后服务，学科类校外培训机构压减率实现了“五个100%”。2022年山西将建设改造100所公办幼儿园、500所寄宿制学校，大力推动“双减”政策落地落实。

干名。有工作经

第四章

惟愿苍生俱康宁

——如何推进健康山西建设？

器官移植技术是现代医学最尖端的技术，而肝脏移植手术则被称为“医学皇冠上的明珠”。山西医科大学第一医院是省内唯一可以自主完成肝移植手术的医院，肝移植突破40例，肝移植手术成功率达100%，累计生存率超97%。此前需要到北京、上海等外地做肝脏移植手术的患者，在本省就能得到及时治疗，极大方便了患者，减轻患者的就医负担，为更多终末期肝病患者带来重生的希望。

人人都追求健康，最终是为了幸福。正如习近平总书记指出，人民的幸福生活，一个最重要的指标就是健康。健康是1，其他的都是后边的0，1没有了，什么都没有了。山西努力探索卫生健康改革发展的山西路径，以建设“健康山西”为目标，以“高质量发展”为主线，以深化医改为动力，以“补短板、强弱项”为突破口，铆足力气推进健康山西建设，不断满足全省群众健康需求、增进健康福祉、提高健康水平。

风物长宜放眼量，登高望远天地宽。推进健康山西建设，要树立大卫生、大健康理念，推动以治病为中心向以人民健康为中心转变，为人民群众提供更高品质的全生命周期卫生健康服务。

一、加强公共卫生体系建设

健康是社会文明进步的基础。重大传染病等突发公共卫生事件始终是人类健康的大敌。只有构建起强大的公共卫生体系，健全预警响应机制，全面提升防控和救治能力，织密防护网、筑牢筑实隔离墙，才能切实为维护人民健康提供有力保障。

改革完善疾病预防控制体系

预防是最经济最有效的健康策略。构建强大的公共卫生体系，关键就是坚持预防为主的卫生健康工作方针，坚持常备不懈，将预防关口前移，不断改革完善疾病预防控制体系，避免小病酿成大疫。

优化各级疾控机构职能。健全完善以省、市、县三级疾控机构和各类专科疾病防治机构为骨干，医疗机构为依托，基层医疗卫生机构为网底，军民融合、体系健全、权责清晰、功能完善、反应迅速、运转高效、保障有力的疾控体系。其中省级建成“防、控、治、研、学、产”六位一体的现代化省级一流疾控中心，重点加强含生物安全三级实验室在内的重大传染病防控与诊治重点实验室建设，提高重大疾病和传染病防控能力。市级建成“防、控、治、研”四位一体的市级（区域）疾控中心，重点提升区域实验室检验检测能力和突发传染病防控快速响应能力。县级建成“防、控、治”三位一体的县级疾控中心，重点提升现场检验检测、流行病学调查和现场应急处置能力。乡镇（街道）筑牢“防控一体”疾控网底，加强网格化管理。

持续加强疾控能力建设。着力提升专业队伍水平，强化流行病学调查、实验室检验检测、风险评估研判等公共卫生专业队伍建设。着力提升监测预警能力，强化

·特别关注·

推进省级P3实验室建设　提升重大传染病防治科研能力

山西省疾病预防控制中心新建项目的工地上，一派忙碌的景象。项目建设用地93.9亩，总建筑面积9.7万平方米。一期主要建设P3实验室等疾病预防控制中心基本职能所需基础设施，计划2023年底前建成并投入使用。2022年1月22日，省疾控中心P3实验室建设项目主体结构如期封顶。

P3实验室建设项目是山西省建设“防、控、治、研、学、产”六位一体公共卫生防疫体系的重大举措，是关系到当前新冠肺炎疫情防控和山西3500万人民群众生命健康的重要民生工程。山西省疾控中心迁址建设生物安全三级实验室，将填补山西传染病防控工作中的一项空白，对全省重大传染病的精准防控、高致病性病原微生物研究水平的提升，对山西高质量发展具有十分重要的意义。

作为山西省公共卫生体系建设的一项重要内容，这里承载着提升全省重大传染染性疾病防控与诊治科研能力与水平的重任，项目建成并投入使用后，先进的硬件和软件设施将使全省疾病防控能力步入发展的快车道。

省市县三级预警响应管理责任，不断完善新冠肺炎疫情监测多点触发预警响应机制，确保监测敏感性和响应及时性。着力提升检验检测能力，加快推进省级P3实验室建设，指导市、县实验室建设，全面加强全省疾控中心检验检测“一锤定音”的能力。着力提升科研能力，以“重大传染性疾病防控与诊治山西省重点实验室”为平台，继续加强与医疗机构、高等院校、科研机构、社会力量的科研合作，强化应用科学技术研究和成果转化。着力提升信息化水平，健全完善信息系统，运用大数据、云计算等新技术，在疫情监测分析、病毒溯源、防控救治、资源调配等方面发挥数据支撑作用。

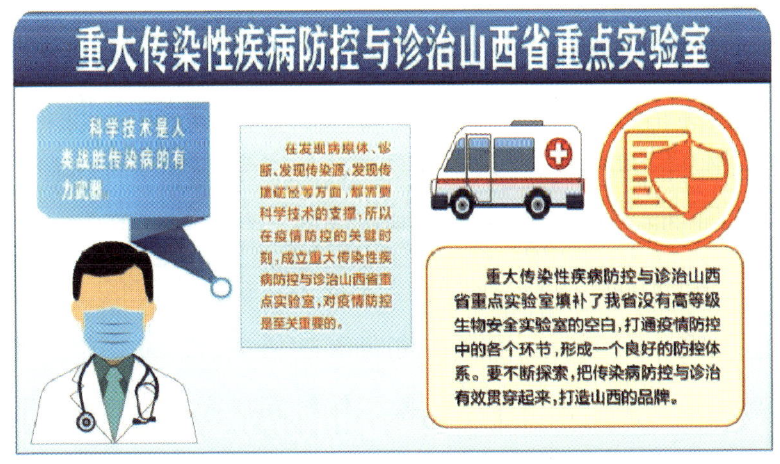

提升突发公共卫生事件应对能力

提高应对突发公共卫生事件能力是保障和维护人民健康的必然要求。要在建设党政领导、多方参与的公共卫生社会治理体系，建设协同高效、灵敏可靠的公共卫生监测预警体系，建设专业规范、技术先进的疾病预防控制体系，建设平战结合、资源统筹的应急医疗救治体系等“四个体系”基础上，着力做好“三个强化”。

强化体制建设。健全统一高效的应急指挥体系是公共卫生体系建设的重要体制机制创新。要以公共卫生健康委员会为统领，以公共卫生信息化建设为抓手，着力提高公共卫生应急准备、监测和应急信息数据采集、分析、研判能力，实现公共卫生应急值守、预警评估、辅助决策、现场指挥、异地会商、队伍和物资的有效管理与调度，构建国家、省、市、县纵向和部门间横向互联互通、信息共享、反应灵敏的公共卫生应急指挥体制，逐步形成公共卫生应急管理大格局。

强化机制建设。推进横向到边、纵向到底的卫生应急预案体系建设，不断提高预案的科学性、适用性和可操作性。建立完善平急转换工作机制，完善应急状态下全省医疗卫生机构动员响应、区域联动和人员调集机制，实现常态化情况下分级分层、分院分区、分类分病、分流就诊，应急状态下统筹全省优质医疗资源、调集应急储备物资、纵向横向有效联动，快速应对科学处置。

强化能力建设。通过开展形式多样、分级分类的培训演练，进一步提高各级干部队伍应急指挥能力、专业处置能力、组织保障能力。组织市、县党政分管负责人和省直疫情防控有关部门负责人每年至少开展一次应急指挥专题培训演练。到2025年，实现县级及以上卫生应急专职人员、业务骨干和卫生应急队伍的培训

山西省人民医院紧急医学救援队伍卫生应急能力提升培训班暨省级紧急医学救援基地首次整建制人装结合演练现场。

演练全覆盖。

爱国卫生运动助力人民健康

爱国卫生运动是我国防控重大传染病的传统法宝。习近平总书记指出，爱国卫生运动是我们党把群众路线运用于卫生防病工作的成功实践。要坚持群众运动与预防疾病相结合的优良传统，遵循切断疾病传播途径，保护易感人群原则，以较小成本获得较大的疾病防控绩效。山西爱国卫生运动深入扎实开展，截至2022年1月，全省已经创建9个国家卫生城市、40个国家卫生

2021年度长治市再度蝉联“国家卫生城市”，图为长治市三河一渠太行公园南段美景。

县城、37个国家卫生乡镇，建成国家级健康促进县（区）8个。

·特别关注·

山西农村厕所革命奖补资金2021年超2亿

2021年9月，山西财政下达2021年农村厕所革命整村推进财政奖补资金23120万元。其中，重点对11个市101个县2020年完成农村厕所革命整村推进的2249个村55.35万农户进行奖补，并对2021年11个市105个县拟整村推进的30万户改厕任务进行补助。2020年已完成整村推进的，每户平均奖补255元；2021年拟整村推进的，每户平均奖补300元。

如今，“厕所革命”已成为补齐农村生活品质短板、助力乡村振兴，提升农民幸福指数的重要途径。奖补资金主要用于支持厕所粪污收集、储存、运输、资源化利用及后期管护能力提升等方面的设施设备建设。各地可根据实际确定具体支出内容，也可在管护机制完善后用于摸排发现的问题厕所整改补助。

爱国卫生运动坚持树立“每个人是健康第一责任人”的思想，疫情防控常态化下的爱国卫生运动，必须继续坚持提倡文明健康、绿色环保的生活方式，用健康体魄建设美丽家园，共享健康山西。山西出台的《关于深入开展爱国卫生运动的实施方案》明确，到2025年全省公共卫生设施得到完善，城乡环境面貌全面改善，卫生城镇覆盖率持续提升，健康城镇建设深入推进，文明健康、绿色环保的生活方式广泛普及，爱国卫生运动深入人心，全方位多层次推进爱国卫生运动的格局基本建立，社会健康综合治理能力全面提高，城乡居民健康素养和健康水平明显提升。

二、加大优质医疗资源供给

随着我国经济转向高质量发展阶段，人民群众多层次多样化医疗健康服务需求持续快速增长。必须加快提高卫生健康供给质量和服务水平，加快优质医疗资源扩容和区域均衡布局。既要强基层，又要建高峰，坚持一手抓医疗高峰建设、一手抓基层网底巩固，构建起横向到边百花齐放、纵向到底覆盖城乡的全省医疗卫生服务新格局，充分发挥优质医疗资源的辐射带动作用，不断增强人民群众的获得感、幸福感、安全感。

提质扩容，加快公立医院高质量发展

公立医院是我国医疗服务体系的主体，是全面推进健康中国建设的重要力量，承担着最紧急、最危险、最艰苦的医疗救治任务。推动公立医院高质量发展，是公共卫生体系建设和全方位全周期健康服务的重要支撑。

加快推进“一轴四中心”区域医疗中心建设。推动公立医院实现从“规模数量”向“能力质量”的供给侧结构升级。“一轴”即合作共建国家区域医疗中心试点项目；“四中心”即在大同、长治、临汾、运城各遴选1所三甲综合医院，开展省级区域医疗中心试点项

·特别关注·

山西医疗卫生高质量发展态势日益显现

2021年以来，山西围绕整体提升医疗服务能力水平，狠抓项目、筑牢基石、打造高峰，医疗卫生高质量发展态势日益显现。以山西白求恩医院为例，该院重大手术例数增长36%，患者省域外转率降幅超过90%。山西以建高峰为目标引领，重点发挥国家区域医疗中心试点示范引领作用，组织申报精神、骨科、创伤、传染等4个专科国家区域医疗中心，建立覆盖557个医院的16个区域医疗中心专科联盟。山西以“136”兴医工程为关键牵引，10个领军专科申报省部级课题343项，开展关键技术231例，床位数净增加734张，病区增至55个。卓越医学团队创新发展，整合、新建77个亚专科，打造47个卓越医学团队，引进开发161项国际国内一流前沿医疗技术。

目建设。作为国家区域医疗中心建设首批试点省份，在“十四五”期间，山西将在每个市规划设置1至2个市级区域（中医、妇幼）医疗中心试点。

加快临床重点专科建设，推动医学学科实现从“高原”到“高峰”的发展质量追赶。集中力量开展疑难危重症诊疗高精尖技术和共性关键问题技术攻关，建成一批高水平临床诊疗中心、高层次人才培养基地和高水准科研创新与转化平台，培育一批具有国内外一流水平的优势专科。山西深入实施“136”兴医工程。截至2021年底，建成10个领军临床专科新建院士工作站8个、卓越医学团队36个、省级重点实验室5个，引进一流前沿技术160余项。2021年，省财政投入1.6亿元，项目化推进临床重点专科建设，持续拓展“136”兴医工程迭代升级。

加快紧密型医联体建设，推动服务体系实现从“无序扩张”向“分工协作”的发展模式创新。组建三级公立医院牵头的紧密型城市医疗集团，统筹辖区内其他医院、基层医疗卫生机构、公共卫生机构等资源，形成“以市带区、区社一体、错位发展、有序竞争”发展模式。全面提升县域综合服务能力，实施县级医院提标扩能工程，加强胸痛、脑卒中、创伤、呼吸等专病中心和肿瘤综合治疗中心、慢性病管理中心建设，提高常见病、多发病和慢性病诊疗能力，提升感染性疾病、呼吸、创伤、重症等救治水平。

加快服务效能提升，推动深化医改从“要素投入”向“创新驱动”的发展引擎转换。推广多学科诊疗模式、多专业一体化诊疗模式、全链条服务模式，在三级医院推行分时段预约诊疗和检查检验集中预约服务，开展诊间（床旁）结算服务，支持开展日间手术。发展远程医疗和互联网诊疗，推进智慧医院建设和医院信息标准化建设，推进全民健康保障疾控信息系统与电子病历系统对接，推动手术机器人等智能医疗设备和智能辅助诊疗系统的研发与应用。截至2021年底，我省基本公共卫生服务项目由10大类增加到30大类，人均补助标准由2012年25元提高到2021年79元，群众获得公共卫生服务的可及性明显改善，人民健康的基础更加稳固牢靠。

资源下沉，推动县级医疗卫生一体化

“共建共享、全民健康”是建设健康山西的战略主题。让百姓看得上病、看得起病、看得好病，是夯实民生之基的重点所在，是推进医疗卫生体制改革的方向。

运城市万荣县医疗集团人民医院与运城市中心医院建立紧密型医联体，图为工作人员参加远程会议。

山西卫生健康事业发展将坚持以高质量发展统揽全局，既要向上做优做强优质医疗资源，也要向下做深做实基层服务能力，积极引导优质医疗资源下沉，把成熟的医疗技术、人才队伍、管理模式等逐级下沉到薄弱地区。立足实际，山西坚持“保基本、强基层、建机制”，系统性构建新型县域医疗卫生服务体系和分级诊疗格局，率先在全国推行县域医疗卫生一体化改革，迈进全国医改第一方阵。

在推进县医疗卫生一体化改革过程中，山西在全国范围内率先完成了《山西省保障和促进县域医疗卫生一体化办法》立法，以地方立法领航基层改革方向，全省117个县级医疗集团全部实行“六统一”管理，提升县级医疗服务能力。截至2021年底，山西已组建各类医联体80个、省级专科联盟40个，帮扶县级医院166所，县级医疗集团全部开通远程诊疗服务。开展乡村医疗卫生机构标准化建设，新建、改扩建村卫生室1.3万所，采购村卫生室设备27万余台件，654所乡镇卫生院全部配齐X光机、生化分析仪等基本设备。紧密型县域医疗卫生共同体的“山西路径”越走越宽广，老百姓在家门口就能享受到均等化、同质化、一体化的卫生健康服务。

三、加快推进中医药强省建设

岐黄之术，国之精粹。中医药是中华文明的瑰宝。在抗击新冠肺炎疫情中，中医药发挥了独特优势和重要作用。在国家“促进中医药振兴发展”战略性谋划下，加快建设中医药强省，是推进健康山西建设、构建大健康格局的内在要求，是壮大健康产业、培育经济增长点的重大举措，是弘扬优秀传统文化、促进中医药传承创新发展的应有之义。如今中医药强省战略已擘画，需久久为功，真正继承好、发展好、利用好中医药，造福三晋人民，打造中医药强省新名片。

晋城市陵川县党参种植基地

依托资源优势，推动中医药产业发展

中医药产业能耗小、污染少、带动面广、辐射性强、附加值高、产业链长，是振兴和发展中医药事业的基石。山西是中药材资源大省，素有“北药”之称。全省现有1700多种中药材，其中，黄芪、连翘、黄芩、柴胡、党参等都是闻名的晋产道地药材。俗话说，药材好，药才好。基于得天独厚的资源禀赋，做优做强做大中医药产业，山西有优势、有后劲、有潜力，随着中医药强省的加速推进，中医药产业发展必然会成为山西高质量发展的一抹亮色。

其时已至，其势已成。山西中医药产业的全链条、高质量发展正乘势而上，围绕“十大晋药”，提升道地中药材良种育繁推一体化水平，建立原产地野生资源保护区、种质资源库，建设良种繁育、标准化生产示范基地。支持重点中医药企业发展壮大，大力推进中医药产业园区建设，加快项目引进建设和经典名方等产业化步伐。实施晋药品牌战略，逐步形成“公用品牌+企业品牌+产品品牌”体系。以“中医药+”为路径，推动中医药产业与康

·知识链接·

“十大晋药”：黄芪、党参、连翘、远志、柴胡、黄芩、酸枣仁、苦参、山楂、桃仁10个品种为“十大晋药”中药材。

·特别关注·

努力开创中医药事业创新发展新局面

2021年底，山西转型综改示范区和山西省中医院“潇河产业园区中药产业基地项目”签约成功。该项目用地95亩，将引进自动化仓储设备和软件管理系统、中药饮片自动调剂系统、制剂和提取生产设备、花茶生产及科研设备，建设年产中药饮片仓储能力2000吨、智慧煎药能力2400万剂次、制剂生产能力500吨、中药材提取能力300吨的生产基地。在中医药强省的背景下，依托山西转型综改示范区潇河产业园区的建设，加强与中药企业和医疗机构的交流合作，提高中医药产业的集中度，发展中药制药、健康食品、养生保健、健康服务等产业，把中医药产业做大做强。

养、文旅、居住、医疗、护理等产业深度融合发展，开拓中医药事业发展新道路。

增强服务能力，完善中医药服务体系

随着中医药事业的不断发展，中医药“简、便、廉、验”的特色逐渐凸显，越来越多人民群众喜爱中医药、信任中医药、使用中医药。山西将中医药纳入全省公共卫生体系统筹规划，发挥中医药整体医学优势，推动建成融预防保健、疾病治疗和康复于一体的中医药服务体系。重点推进加强中医药医疗服务体系建设、完善中医药应急防控救治体系建设、实施百县中医药服务能力提升计划等工作。

加强中医药医疗服务体系建设，着力加强区域中

医医疗中心建设。实施好中西医结合心血管临床诊疗中心、中医现代康复中心、中医医教研协同创新中心等基础设施项目，加强专家队伍派驻，带动提升整体实力。与此同时，打造一批省级中医优势专科，围绕心脑血管、肿瘤、骨伤、妇科、儿科、康复等专科，培育一批学科带头人和骨干人才。

完善中医药应急防控救治体系建设，建立常态化的中西医协作机制。中医学和西医学有各自的优势，优势互补是中国医学的特点。在应急防控救治过程中，应坚持"三个及早"，即及早安排中医药介入、及早部署中医药专家参与、及早研制形成中医药方剂，确保组织领导到位、专家救治到位、药品保障到位、全程监测到位、会诊指导到位，切实提高救治效果。

实施百县中医药服务能力提升计划，推动县域中医药服务能力全面提升。以创建全国基层中医药工作先进单位为抓手，深入推进基层中医药服务能力提升工程，实现基层中医馆全面提档升级。2022年，要基本实现县办中医医院全覆盖，基层中医馆全覆盖。继续开展医院级别核定和等级评审。大力推广中医适宜技术。充分利用省级中医药适宜技术网络推广平台，持续对基层中医馆开展远程培训。支持省针灸学会申报灸疗技术地方标准，至少支持100所县级中医医院建设灸疗科，提升灸疗技术服务能力。

科技创新引擎，推动中医药振兴发展

习近平总书记指出，中医药学包含着中华民族几千年的健康养生理念及其实践经验，是中华民族的伟大创造和中国古代科学的瑰宝。要做好守正创新、传承发展工作，积极推进中医药科研和创新，注重用现代科学解读中医药学原理，推动传统中医药和现代科学相结合、相促进，推动中西医药相互补充、协调发展，为人民群众提供更加优质的健康服务。山西要推动中医药守正创新和传承发展，把中医药这一祖先留给我们的宝贵财富继承好、发展好、利用好，采用更多的信息化和智能化技术，推动中医药走向世界，为人类健康贡献中医智慧。

山西出台《中医药科技创新工程方案》，提出着力加强全省中医药科技创新基地建设，提升协同创新能力，加强重点领域科研攻关，推进科技成果转化应用。建设中医药省级重点实验室、临床医学研究中心等平台，打造高水平协同创新团队，组织重大传染病防治、重大疑难病治疗、创新药与经典名方新药等关键技术攻

关，持续推动优秀成果转化。

夯实发展基础，加快中医药人才培养

中医药人才数量和质量日益成为山西中医药事业发展的决定性因素。培养中医药时代新人，是推进中医药现代化、融合现代科学传承发展的根本需要。不断推出硬核举措，实施中医药特色人才培养工程，中医药人才队伍建设正在不断强化。公布首批省级中药特色技术传承人才培训项目培养30人，获批国家级中医药继续教育项目16项，开展省级师承继教专项53项。启动新一轮乡村医生中医药知识技能培训，惠及全部基层中医馆。加大中医药适宜技术培训力度，依托省级平台完成35期远程培训，培训约30万人次。

支持有条件的医学高等院校增设中医药方向相关专业，推动中医药院校教育和临床医学类专业课程改革，将中医课程列入临床医学类专业必修课。建立健全中医药人才师承教育制度，设立高年资中医医师带徒项目。加强中医药职业教育，积极探索为乡村、城市社区定向培养中医药人才的办法，探索开展大专（高职）中医药人才免费培养。通过拓宽人才培养渠道、加强中医药人才评价和激励等措施，培养一批高层次复合型中医药人才。

遵循发展规律，进一步强化标准引领

中医在医、教、研、产等各领域的发展，离不开标准化的支撑。开展中医药标准化建设，是中医药事业发展的一项基础性、战略性、全局性工作。

在中医药标准制定中，基点在国内，要遵循中医药的特点和理论指导，同时也要注意面向全球，注重标准的实用性和引领作用。“十四五”期间，山西将建立覆盖全省重要药材品种的完备标准体系，制定中医基层适宜技术标准，完善重要针灸技术标准，开展中医治未病与康复技术标准研制。要建立中西医协同制度，加强中西医临床协同，完善中医药参与突发公共卫生事件应急响应机制，提升中西医协同救治水平。

四、促进人口长期健康均衡发展

悠悠民生，健康至上。我国是世界上人口最多的发展中国家，人口问题始终是“国之大者”，处理好人口规模和结构的关系至关重要。面对新时期人口发展形势和人口变化趋势，必须制定人口长期发展战略，优化生

育政策，以“一老一小”为重点完善人口服务体系，促进人口长期健康均衡发展。

广泛开展全民健身运动

全民健身是全体人民增强体魄、健康生活的基础和保障。为全方位推进全省全民健身事业高质量发展，更好地满足人民群众的健身和健康需求，山西出台《全民健身实施计划（2021—2025年）》，站在新的更高起点上，全民健身事业迈向更加广阔的天地。

加大全民健身场地设施供给。山西实施全民健身场

太原东山五龙城郊森林公园登山步道为群众提供休闲、康养活动场所。

地设施补短板行动计划，通过盘活城市空闲土地、用好公益性用地、倡导土地复合利用、支持租赁用地等方式充分挖掘全民健身场地设施建设用地潜力，规划建设贴近社区、方便可达的场地设施。新建居住区和社区按照室内人均体育建筑面积不低于0.1平方米或室外人均体育用地不低于0.3平方米的标准，各地落实社区体育场地设施配套建设。2021年，全省人均体育场地面积已达2.31平方米。让人民群众在大大小小的体育场馆里，在三晋大地的锦绣山河当中，体验“足尖下的中国”，享受运动的精彩。

广泛开展全民健身赛事活动。山西广泛开展全民健身赛事活动和特色健身活动，着力打造“一市一品、一县一品、一行一品”全民健身品牌活动，丰富全民健身赛事活动内容，提升太原国际马拉松、环太原国际公路自行车赛、五老峰登山节等传统赛事品质，打造区域全民健身赛事活动品牌。逐步形成多层次、多项目、多元化的全民健身赛事活动体系，让体育健身成为开启美好生活的一把钥匙，蓬勃发展的全民健身，让三晋大地处处充满生机与活力。2021年，山西广泛开展形式多样的线上、线下全民健身活动，全省经常参加体育锻炼的人数占比达到36.4%。

市民在运城市文化园内晨练。

营造全民健身社会氛围。要普及全民健身文化，加大公益广告创作和投放力度，大力弘扬体育精神，举办全省社会体育指导员电视大赛，讲好群众健身故事。开展职工健身休闲活动。积极参与全国全民运动健身模范市和模范县（市、区）创建工作。搭建多层次交流平台，拓展我省全民健身对外交流，推动形意拳、杨氏太极拳、柔力球等我省传统体育项目“走出去”，举办国际、国内赛事活动，扩大项目在国际、国内的普及程度和全民健身交流，让越来越多的三晋百姓动起来、强起来、乐起来。

积极构建养老服务体系

·知识链接·

“9073”模式：是我国推行的养老模式，即90%的老年人由家庭自我照顾，7%享受社区居家养老服务，3%享受机构养老服务。

夕阳无限好，人间重晚晴。积极应对人口老龄化问题，事关国家发展全局，事关百姓福祉。截至2021年底，山西60岁及以上老年人口达672.09万人，占常住人口的19.31%，人口老龄化呈现基数大、增速快、高龄化的发展趋势。山西立足“9073”养老服务格局，围绕“一老”精准施策，建设居家社区机构相协调、医养康养相结合的养老服务体系，养老事业呈现出政府兜底

临汾市滨河公园桃花苑，市民舞起飘带龙，尽享春光。

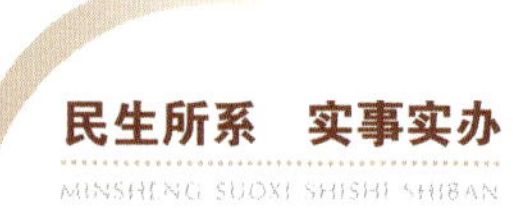

有力、城乡统筹发展、市场主体参与、健康快速发展的良好态势。建成城市社区养老服务中心1026个，农村社区老年人日间照料中心6919个。

“十四五”期间，山西将以“431工程”创建行动为抓手，实现政府推动、社会参与、示范引领的养老服务发展新格局。为满足老年人多层次、个性化的健康养老需求，山西加快发展智慧健康，有关部门将支持建设一批社会参与广泛、应用效果明显的智慧健康养老试点示范街道、乡镇，丰富服务种类，提升服务质量和管理效率，实现智慧健康养老服务落地。创建一批产业基础雄厚、区域特色鲜明的试点示范基地，推动各行业与智慧健康养老跨界融合与创新。

组织实施三孩生育政策

随着“三孩时代”来临，除了完善教育、住房等一系列配套措施，如何优孕、优生、优育成为千万家庭最为关注的话题。山西持续加强政策的调整衔接，将婚嫁、生育、养育、教育一体考虑，不断完善覆盖全生命周期的一揽子支持举措。截至2021年，山西已连续两年将“免费产前筛查与诊断服务”，连续6年将“实施免费婚前医学检查”列入民生实事，提高优生优育服务水平，守护生命的起点。全省免费产前筛查与诊断服务的宣传覆盖面达到了98%以上，出生缺陷风险逐步降低，出生人口素质逐步提高。此外，山西合理提高居民生育医疗保障待遇，将三孩生育医疗费纳入城乡居民医保基金支付范围，逐步提高城乡居民生育医疗医保限额支付标准，产检费用纳入城乡居民门诊统筹基金支付范围，减轻参保居民生育医疗费用负担。

五、高效统筹疫情防控和经济社会发展

山西坚决筑牢常态化疫情防控防线，牢记“人民至上、生命至上”，坚持“外防输入、内防反弹”总策略、“动态清零”总方针不动摇，落实“早、快、准”要求，坚决贯彻党中央关于“疫情要防住、经济要稳住、发展要安全”的重要要求，实行科学化、精准化、人性化防控，努力用最小代价实现最大防控效果，最大限度减少疫情对经济社会发展的影响。

疫情要坚决防住

抓好疫情防控是经济社会发展一切工作的前提和基础，只有保持疫情形势平稳向好，才能集中精力稳经

济、保安全。山西深入学习领会习近平总书记关于疫情防控工作的重要指示要求，贯彻落实党中央关于“疫情要防住、经济要稳住、发展要安全”要求，出台《中共山西省委关于防疫情稳经济保安全 以优异成绩迎接党的二十大胜利召开工作意见》，要求始终牢记“人民至上、生命至上”，坚持“外防输入、内防反弹”总策略、“动态清零”总方针不动摇，坚决扛起疫情防控政治责任，做好打持久战的思想准备和工作准备，按照“早、快、准”要求，切实提升疫情防控工作标准化水平，在筑牢疫情防线和维护正常生产生活秩序之间找到最佳平衡点，精准施策、持续发力，努力用最小代价实现最大防控效果，最大限度减少疫情对经济社会发展的影响。提出“高效精准落实疫情防控措施、科学布局疫情防控能力保障、坚决做好货运物流保通保畅、紧紧兜牢民生保障底线”等4条措施，进一步提升防控工作的科学性、规范性和精准性，更好统筹疫情防控和经济社会发展。

经济要全力稳住

坚持把发展作为解决一切问题的基础和关键，把稳增长放在更突出的位置，顶格落实国务院出台的稳经济“33条”政策措施，细化落实我省制定的稳经济一揽子政策措施，高效统筹疫情防控和经济社会发展，牢牢扛起保障国家能源安全、粮食安全、产业链供应链安全的重大责任，长短结合谋划实施一批重大项目，千方百计促进消费恢复增长，全力以赴保市场主体保就业保民生，确保经济运行在合理区间，为全国稳住经济大盘作出山西贡献。

加大助企纾困力度，更好服务市场主体。山西出台《关于持续做好疫情防控期间入企服务工作的通知》《入企服务和助企纾困统筹推进落实机制》，积极为企业排忧解难。聚焦国家工业18条以及我省工业70条、纾困帮扶中小企业35条等政策，从财政税费、专项资金、降本减负、金融信贷、保供稳价、要素保障六大领域，梳理出37项与企业直接关联的惠企政策，作为入企服务纾困帮扶的重要事项，强化政策宣传，推动各项政策措施落地落实，帮助重点企业应知尽知、可享尽享，全面提升企业获得感。

消费券助市场回暖，线上线下惠及百姓。山西在促进消费方面拿出“真金白银”强举措，省、市、县三级财政发放政府数字消费券、鼓励城市通过打造符合消防安全条件的文旅休闲步行街。2022年第二季度，太原市

·政策学习·

《山西省扎实推进稳住经济一揽子政策措施的行动计划》

面对复杂严峻的疫情形势和经济下行压力，山西坚决落实习近平总书记要求，高效精准落实疫情防控举措，多措并举促进工业平稳增长、服务业恢复发展，出台《山西省扎实推进稳住经济一揽子政策措施的行动计划》。

《行动计划》包括7个部分46条具体措施。

第一部分，财税政策措施，包括加大增值税留抵退税政策支持力度，抓紧办理小微企业、个体工商户退税减税并加大帮扶力度，尽快完成专项债券发行使用并扩大支持范围，用好政府性融资担保等政策，加大重点领域、重点产业支持力度等9条具体措施。

第二部分，金融政策措施，包括鼓励对中小微企业、个体工商户、货车司机贷款及受疫情影响的个人住房与消费贷款等实施延期还本付息，加大普惠小微贷款支持力度，健全股权投资体系，加大金融机构支持基础设施建设和重大项目力度等4条具体措施。

第三部分，稳投资促消费等政策措施，包括加快推进一批重大水利工程项目，加快交通基础设施投资，推进城市地下基础设施、能源基础设施、生态环保基础设施、太忻一体化经济区重大项目建设，稳定和扩大民间投资，促进平台经济规范健康发展等11条具体措施。

第四部分，保粮食能源安全政策措施，包括推进粮食稳产增产，扎实做好煤炭增产保供，有序布局大容量、高参数煤电机组，加快风电光伏等新能源发电并网，持续深化非常规天然气增储上产，提高能源储备能力和水平等9条具体措施。

第五部分，保产业链供应链稳定政策措施，包括降低市场主体用水用电用网等成本，推动阶段性减免市场主体房屋租金，加大受疫情影响较大行业企业纾困支持力度等7条具体措施。

第六部分，保障基本民生政策措施，包括实施住房公积金阶段性支持政策，完善农业转移人口和农村劳动力就业创业支持政策，完善社会民生兜底保障措施等3条具体措施。

第七部分，组织保障措施，包括强化组织领导，开展精准调度，强化督查检查等3条具体措施。

再度发放消费券4.2亿元、长治市发放5000万元政府数字消费券、临汾市3亿元财政资金投入“悦享临汾回家有礼”促消费活动……一大波促消费活动，最大限度惠及百姓，进一步激活经济活力，促进消费稳中提质。

商贸流通人气回升，提质增效步履不停。山西认真贯彻国家“服务业43条”举措，多措并举、多点发力，实施“1-10工程”，确保餐饮、零售、旅游、公路运输、铁路运输等服务业领域困难行业市场主体活下来、稳得住、发展好。商圈逐渐恢复高人气，家门口的短途游热度攀升，物流插上高速的翅膀，运输按下加速键……当疫情的影响逐渐消退，热闹回归生活，山西服务业重新复出。

武警

第五章

民生兜底安全网

——如何健全多层次社会保障体系？

“在党和政府的帮助下，我们重建了房子，村子焕然一新，我又看到了爷爷奶奶脸上的笑容……”这是师红兵14岁孙女的一篇作文，题目是《我的家乡》。2021年10月，山西出现有气象记录以来最强秋汛，霍州市师庄乡冯南垣村是农房受损较为严重的村庄之一，师红兵家中4间窑洞全部倒塌。中国共产党与人民群众风雨同舟、生死与共。打地基、拌水泥、垒围墙……党员干部和受灾群众一起谋划、一起劳动，很快就在原址重建了2间新房。走进受灾群众师红兵的家，干净整洁的院落、刚刚出锅的年馍、喜气洋洋的笑脸，扑面而来的烟火气映衬着浓浓的年味儿，讲述着灾后重建后老百姓热气腾腾的生活。

民之所忧，我必念之；民之所盼，我必行之。习近平总书记强调，社会保障是保障和改善民生、维护社会公平、增进人民福祉的基本制度保障，是促进经济社会发展、实现广大人民群众共享改革发展成果的重要制度安排，是治国安邦的大问题。近年来，山西顺应民之所盼，持续加强普惠性、基础性、兜底性民生建设，着力做实社会保险、社会救助、优抚安置、住房制度等方面工作，民生保障水平稳步提高，人民共同富裕取得实质性进展。今后，山西要继续坚持兜底线、织密网、建机制，稳步提高社会保险统筹层次，发挥商业保险机制作用，健全完善覆盖全民、统筹城乡、公平统一、可持续的多层次社会保障体系。

一、深入推进社保制度改革

社会保障是保障和改善民生、维护社会公平、增进人民福祉的基本制度保障，是促进经济社会发展、实现广大人民群众共享改革发展成果的重要制度安排，是治国安邦的大问题。当前，我国社会保障制度的四梁八柱已经初步搭建完成，社会保障事业已经由高速增长的阶段转向了高质量发展的新阶段。山西积极稳妥推进社保制度改革，加快构建覆盖全民的社会保障体系，进一步织密扎牢社会保障安全网。

积极开展社保参保扩面行动

社会保险是社会保障的核心内容。实现全民参保是实现共同富裕的重要指标。山西参保扩面行动深入实施，社会保险覆盖越来越广。推进社会保险制度改革，让社会保险安全网覆盖最广人群。2021年11月，山西出台《关于维护新就业形态劳动者劳动保障权益的指导意见实施方案》，确保新就业形态劳动者各项劳动保障权益落到实处，全面取消灵活就业人员在就业地参保的户籍限制，开展灵活就业人员参保登记网上申请，积极促进有意愿、有缴费能力的灵活就业人员以及新就业形态从业人员等参加企业职工基本养老保险。促进城乡居民基本养老保险适龄参保人员应保尽保。

截至2021年底，山西基本养老保险、工伤保险、失业保险、生育保险基本实现法定人群全覆盖；基本医保参保3246.53万人，参保率95%以上。“十四五”期末，全省参加基本养老保险、失业保险、工伤保险人数力争达到2661万人、485万人、640万人。

聚焦提升社会保险统筹层次

通过贯彻落实企业职工基本养老保险基金中央调剂制度，全面规范省级统筹制度运行，落实省级统筹激励约束和基金缺口责任分担机制，完成省级信息系统升级改造，做好落实企业职工基本养老保险全国统筹相关工作。完善工伤保险省级统筹制度，出台相关配套政策，逐步向省级统收统支过渡，推动省级统筹提质增效。实施失业保险省级统筹制度，逐步配套规范完善相关政策，提高基金互助共济能力，增强基金保障效应，充分发挥失业保险“保生活、防失业、促就业”的功能作用。在全国率先建立的城乡居民补充养老保险制度全面实施，为城乡参保居民特别是低收入老年居民多一份保障。

2021年12月，出台《山西省失业保险基金省级统筹实施方案》，正式启动失业保险基金省级统筹工作。将建立以政策统一为基础、基金统收统支为核心、基金预算管理为约束、信息系统和经办管理统一为依托、基金监督为保障的失业保险基金省级统筹管理体系，实现“五统一”，即统一参保范围、统一缴费政策、统一待遇标准、统一经办流程和信息系统、统一基金管理制度。失业保险基金实施省级统筹后，在失业保险政策、基金收支管理、基金预算管理、经办服务管理、信息系统等方面实现全省规范和统一，将进一步均衡省内基金负担，提高基金互助共济能力，增强基金保障效应。2022年逐步配套、规范完善，2023年全面实施失业保险基金省级统筹。

稳步提高社会保险待遇水平

社保待遇连着老百姓的救命钱、养老钱。山西始终将“社会保障待遇水平稳步提高”作为经济社会发展的主要目标之一，持续提升社保的“含金量”，让民生保障的底线兜得更牢。2021年，山西企业和机关事业单位退休人员基本养老金分别实现十七连涨和五连涨，调整后月人均养老金分别增加161元和162.7元，惠及退休人员282万人。提高企业职工基本养老保险遗属待遇。山西有2500余万人参加城乡居民基本医疗保险。城乡居民医保待遇稳步提高，城乡群众参保可享受城乡居民基本医疗保险和大病保险待遇，生病住院可按比例报销，还可按规定享受普通门诊统筹，高血压、糖尿病“两病”门诊用药保障，门诊慢性病、门诊特药等门诊保障待遇。一个个稳步增长提高的数字，让三晋百姓拥有更多获得感、幸福感、安全感。

失业保险金、工伤职工“三项待遇”等接连上调。为进一步提高失业人员收入水平，确保失业人员共享改革发展成果，2021年9月，山西出台《关于调整我省失业保险金标准的通知》，调整失业保险金标准。失业保险金标准计发比例由当地最低工资标准的80%调整为85%。调整后11个市的失业保险金标准统一为1598元，每名参保失业人员每月增加收入280余元，切实保障失业人员家庭的基本生活。

加快社保管理体系数字化转型

统一规范社保经办服务工作是社保制度基础性、战略性、系统性工程。在统一规范全省社保服务事项经办工作中，山西提出“三个坚持、三个改变”，明确要坚持以人民为中心，努力改变繁琐冗长的办事经办模式，在政策规定允许的情况下，能取消的资料一律取消，能精简的环节坚决精简，能合并的步骤必须合并，切实把便民惠民利民的思想贯穿于清事项、定流程的全过程。同时，坚持系统思维和创新思维，放眼全国，注重实效，创造性探索适合山西实际的经办模式，确保社保服务为群众“量身定制”、社保政策覆盖全员，不断提升办事效率和群众满意度。

为进一步加速推动社保服务事项“一网通办”“全省通办”“就近能办”“多点可办”，山西创新数字化服务模式，大力推动“全数据共享、全服务上网、全业务用卡”。“一卡通”便民，全省累计为3660万人发放社保卡，基本实现省内人人持卡，社保卡应用范围覆盖人社领域95项业务，其中，90%社保待遇用卡发放。“大系统”共用，2440万劳动者“建档立卡”。2021年11月，山西推动社会保险数据共享提升缴费便利度经验做法受到国务院第八次大督查通报表扬。“大服务”惠民，依托社保信息大数据，103项人社服务“掌上办”“移动办”，62项人社服务“一网通办”，“跨省通办”应接尽接，83项电子社保卡属地服务全面应用。整合省市县三级养老、失业、工伤保险经办机构，

·特别关注·

大数据“领跑”推动社保缴费“零跑”

山西积极探索便民服务方式，以群众办事的堵点、痛点为问题导向，通过运用社保费大数据，创新优化部门间数据交互方式，减少数据流转中间环节，不断优化办事流程，节约群众办事成本，让社保大数据“领跑”推动缴费“零跑”，切实提高参保单位和个人的满意度与获得感，受到国务院第八次大督查通报表扬。

数据共享：从“当日办”到“实时办”

为解决社保、税务共享信息平台数据传输速度慢、效率低等问题，省人社厅与税务部门优化数据共享方式，减少数据流转中间环节，打通部门间多平台数据库交互，实现了业务数据实时流转、缴费信息实时传递，让参保单位缴费实现由“当日办”到“实时办”，提高了参保单位办理社保缴费体验感。目前，我省现有企业和机关事业单位数据传递时间由原来的140分钟左右缩短至5分钟左右，18万户可节约等待时间约41万小时。

数据流转：“最多跑一次”到“一次不用跑”

针对由社保缴费的复杂性、特殊性和不确定性，引发的部分参保人无法通过网上完成全流程业务办理这一难题，省人社厅以“数据比对替代人工跑路”，对特殊业务进行全面梳理、分类整合，进一步细化提取参保单位和个人需在前台办理的业务数据。

现有制度基础上，省人社厅对相关数据重新进行需求分析，建立了以人社推送数据、税务征集数据和银行流水数据为基本数据链条的业务比对机制。数据比对的优化，减少了参保人在部门间往返时间和次数，让参保人由过去“最多跑一次”实现“一次不用跑”，惠及全省约3.5万户缴费人。按照往返一次0.5小时计算，每月可节约缴费人时间成本17500小时。

线上办理：灵活就业人员“零跑路”

山西及时放开灵活就业人员在就业地参保的户籍限制，在市县社保经办机构专设灵活就业人员服务窗口，直接办理灵活就业人员社保业务。为方便灵活就业人员参保缴费，满足其个性化服务需求，进一步优化完善了APP参保缴费功能。灵活就业人员通过APP在线上可自主选择社保经办机构，完成参保登记、申报缴费月份区间及自助缴费。原在企业参保的职工离职后转为灵活就业人员的，可通过APP办理以灵活就业身份参保，可同步将之前的养老保险账户直接转移接续到新账户上，无须灵活就业人员多跑路。

实行“三险统一”“三级统一”。同时，聚焦“减时限”“减材料”“减跑动”，重塑业务流程，从分散办理到一站式、一窗办的集成服务，社保经办服务更便民更高效。

二、统筹完善社会救助制度

为广大人民群众提供更可靠更充分的保障，不断满足人民群众多层次多样化需求，必须要加大再分配力度，强化互助共济功能，把更多人纳入社会保障体系，进一步织密社会保障安全网，促进山西社会保障事业高质量发展、可持续发展。2021年，基本民生保障、基层社会治理、基本社会服务全面推进，兜底性、基础性民生工作成效明显，低保标准动态调整、低收入人口动态监测，残疾人、孤儿等关爱服务体系逐步建立，弱势群体、困难群众的获得感、幸福感、安全感不断增强。

建立低保标准动态调整机制

城乡最低生活保障标准是界定城乡最低生活保障范围、核定城乡最低生活保障对象、确定补助水平以及安排补助资金的重要依据。进一步健全完善科学的城乡最低生活保障标准动态调整机制，维护城乡困难群众的基本生活权益，确保城乡困难群众共享改革发展成果，是山西全方位推动高质量发展的现实要求。因此，要进一步提高山西城乡最低生活保障工作的科学性、规范性、实效性，完善城乡低保标准的量化机制。2021年，山西城乡低保标准省级统筹再提高，特困人员供养和残疾人救助两项补贴标准同步提高。山西建立了低保标准动态调整机制，困难群众救助补助资金及时到位，低保对象、特困人员等困难群众基本生活得到有效保障。

2021年9月，山西出台《关于规范我省城乡最低生活保障标准制定和调整工作的指导意见》。从2022年起，各县（市、区）城市和农村低保标准按当地上年度城乡居民人均消费支出30%～40%和45%～55%确定。对低保标准尚未达到指导区间的，采取逐年加大提标幅度的办法，逐步达到指导区间；对低保标准超出指导区间的，保持相对稳定，逐步使之与当地居民人均消费支出水平相协调；低保标准不在指导区间的，要在两年时间内采取措施逐步调整在区间内，使之与当地居民人均消费支出水平相协调。如遇居民人均消费支出下降年度，要保持标准的相对稳定，不作调整。

实施低收入人口动态监测

加强低收入人口动态监测和常态化救助帮扶是党中央、国务院赋予民政部门的一项重大政治任务，是巩固拓展脱贫攻坚成果、有效衔接乡村振兴战略的基础性工作。2021年8月，山西出台《关于切实加强就业帮扶巩固拓展脱贫攻坚成果助力乡村振兴的实施意见》，明确指出依托全国防返贫监测信息系统对脱贫人口、农村低收入人口、易地扶贫搬迁群众等重点人群就业状态分类实施动态监测，加强大数据比对分析和部门信息共享，完善基层主动发现预警机制，对就业转失业的及时提供职业指导、职业介绍等服务。动态调整就业困难人员认定标准，将符合条件的脱贫人口、农村低收入人口纳入就业援助对象范围。

山西坚持做到凡困必帮、有难必救，对困难群众的救助服务精准又暖心，社会保障体系日趋完善。2021年，山西各级民政部门对服务对象普遍开展走访慰问，将救助政策、受助类别和金额、经办人员姓名和监督电话等以救助明白卡的形式公开。共走访慰问57.3万人次，支出1485.6万元，帮助解决个案问题2829个。另外，摸排脱贫不稳定人口和边缘易致贫人口56.6万人，对符合条件的20.3万人给予了救助。全年新增农村低保对象12.5万人，退出15.6万人，动态管理、救助工作更加高效精准，兜底政策更加稳固牢靠。

提升退役军人服务保障水平

退役军人是党和国家的宝贵财富，值得倍加关心、倍加爱护。要全面有序做好军人军属、退役军人和其他优抚对象优待工作，努力让优抚对象受到全社会尊重，让军人成为全社会尊崇的职业。山西圆满完成2021年度退役军人安置任务，整体安置质量达到历史上最好的水平。

2022年2月，山西出台《关于加强军人军属、退役军人和其他优抚对象优待工作的实施意见》，坚持以全方位推动退役军人安置工作高质量发展为出发点，深度聚焦退役军人群体高度关注的后路、后代、后院问题，尽全力将退役军人安置好、服务好、保障好。2022年，山西要在圆满完成退役军人安置各项工作任务的基础上，力争在安置效能和质量上有新的突破。

健全重点群体关爱服务体系

为进一步加强普惠性、基础性、兜底性民生建设，提高社会服务兜底能力和水平，要统筹完善社会救助、社会福利等制度，保障妇女儿童合法权益，健全老年人、残疾人、孤儿、农村留守儿童关爱服务体系。

推动“老有所养”，不断健全养老服务政策体系，优化城乡养老服务供给。截至2021年底，山西连续3年将“新建30个城镇社区养老幸福工程”列入民生实事。太原社区食堂、大同助老服务、阳泉构建城市社区15分钟养老服务圈……政府推动、社会参与、示范引领，山西各地大力建设社区居家养老服务网点，两年来增加近300家。2022年，山西将高标准完成“城镇养老幸福工

山西大力推动社区养老服务，“长者之家”作为“嵌入式微型社区养老中心”的新模式，成为当下人们养老的又一种选择。

·特别关注·

山西立法推动社区居家养老服务

2022年5月24日，山西省十三届人大常委会第三十五次会议听取了关于《山西省社区居家养老服务条例（草案）》的说明和审议意见的报告。条例草案作为全国第一部同时涵盖社区养老和居家养老服务的省级地方性法规，突出了全方位推动高质量发展的本质内涵，填补了社区居家养老这一主题的立法空白。

截至2021年底，我省60岁及以上老年人口达672.09万人，占常住人口的19.31%，人口老龄化呈现基数大、增速快、高龄化的发展趋势。近年来，山西高度重视社区居家养老服务发展，着力加强顶层设计，健全完善政策体系，有效提升服务供给，不断丰富服务内涵，覆盖城乡社区的居家养老服务体系建设初见成效。但是，当前高龄、失能、独居、空巢老年人医疗和护理问题日益突出，养老服务设施短缺、供给不均衡不充分、专业服务人才不足等短板愈加凸显。社区居家养老是贴近绝大多数老年人“身边、床边、周边”的养老服务内容，对于满足绝大多数老年人高品质养老服务需求意义重大。

条例草案共计7章34条，包括总则、服务设施、服务供给、服务保障、监督管理、法律责任和附则。草案内容将优化资源配置作为基础建设的重中之重，通过盘活存量，用好增量，推动全省社区居家养老服务资源合理布局。同时，聚焦补齐短板，针对社区养老服务设施配置不足问题，明确了社区居家养老服务设施多渠道供给模式，多措并举解决社区养老服务设施配建难题。通过财政扶持、贷款支持、税费优惠和人才激励，切实支持社会力量参与社区居家养老服务，构建起全社会广泛参与的多元主体服务供给模式。

程”民生实事，推进养老服务“431工程”和“1251工程”，持续关爱服务农村留守老年人。

推动“幼有所育”，加速建立未成年人保护机制，保护力度不断加大。山西成立省未成年人保护工作委员会，11个市、117个县(市、区)全部建立了由政府主要负责人任组长(主任)的未成年人保护工作协调机制，11个市建立未成年人保护中心；117个县（市、区）已有74个建立未成年人保护中心，覆盖率达63%，2022年底前达到80%，2023年实现全覆盖。孤儿、事实无人抚养儿童纳入基本生活保障范围。孤残儿童手术、病残孤儿疾病治疗、事实无人抚养儿童助学等行动有序开展。

推动“弱有所扶”，健全残疾人保障体系。山西聚焦残疾人基本民生保障、就业创业和基本公共服务，关爱帮助残疾人的社会氛围日益浓厚。2021年，全省超额完成省政府民生实事项目任务，为6.8万人提供残疾预防重点干预和残疾儿童抢救性康复服务；实施精准康复服务行动，满足了10万残疾人基本康复服务需求；开展残疾评定上门服务，让2.6万重度残疾人足不出户就可以领取新的残疾证，巩固提高残疾人教育水平，全省义务教育阶段适龄残疾儿童少年入学率接近100%。

推动“难有所助”，持续提升防灾减灾救灾能力。2021年10月，山西出现有气象记录以来的最强秋汛。灾情发生后，我省民政部门全力保障受灾群众基本生活，采取确保资金按时足额发放、简化优化救助程序、强化“救急难”工作等措施，支持灾后恢复重建，做好受灾困难群众基本生活保障。全省累计实施临时救助56568人次，其中救助低保、特困人员28722人，累计发放救助资金3824.5万元；125家受损养老机构全部恢复运行，妥善安置供养对象1699名。

促进慈善事业持续健康发展

慈善事业是新时代中国特色社会主义事业的重要组成部分，是改善民生、促进社会和谐的崇高事业。2021年，山西慈善事业持续健康发展，社会工作、志愿服务体制机制更加健全，福利彩票销售管理规范有序。慈善活动、志愿服务和社会工作主动融入全省发展战略，在乡村振兴、疫情防控、防汛救灾中凸显出社会力量和专业力量的作用。

2021年7月1日，《山西省慈善事业促进条例》颁布实施，标志着山西慈善立法工作迈上一个新台阶，走在了全国前列。将每年9月5日“中华慈善日”所在周设定为“山西慈善宣传周”，2021年以“汇聚慈善力量、助力乡村振兴”为主题，进行了为期一周的全媒体宣传。另外，启动乡镇（街道）社会工作服务站建设、试点工作，237个乡镇（街道）社工站挂牌成立，3个县级中心站同步建成。全省注册志愿者人数达411.8万人，同比增长6万余人，志愿者服务队伍4.1万个，服务项目6.4万个，服务总时长达2098万小时。

三、完善住房保障体系

住房问题既是民生问题，也是发展问题，关系千家万户的基本生活保障，关系经济社会发展全局，关系社会和谐稳定。山西住房建设快速发展，建立起层次分明、结构完善、全面覆盖的住房市场体系和住房保障体系，基本实现了“低端有保障、中端有支持、高端有市场”的住房供应格局。一幢幢住宅楼拔地而起；住房保障全力兜底，从政策到建设，掷地有声；住房租赁配套跟进，试点城市落实有效……老百姓在“住有所居”向“住有宜居”的大道上阔步前行。

完善住房市场体系和住房保障体系

山西坚持房子是用来住的、不是用来炒的定位。紧紧围绕稳地价、稳房价、稳预期的调控目标，因城施策促进房地产业良性循环和健康发展。山西出台《关于保持房地产市场平稳健康发展的若干意见》等一系列政策举措，着力保持商品房市场供需平衡，持续推进保障性住房建设，提升物业管理服务水平。持续加强房地产市场监管，防范化解房地产企业重大风险，充分发挥公积金住房保障功能。满足市民合理住房需求，进一步促进房地产市场平稳健康发展。

截至2021年底，山西实现商品房销售3204万平方米，房地产增加值1231亿元。超前预判、积极稳妥处置个别出险房企项目逾期交付风险。发放城镇住房保障家庭租赁补贴6.16万户，超额完成年度任务。发放个人贷款347亿元，个贷率突破80%，公积金对住房消费支持力度进一步加大。

加快发展保障性租赁住房

随着城镇化的持续推进，保障性住房的建设需求不断增加。要加快构建以公租房、保障性租赁住房和共有产权住房为主体的住房保障体系，补齐租赁住房短板，解决好新市民和青年人的住房问题。

2022年3月，山西审议通过《关于加快发展保障性租赁住房的实施意见》，明确了租赁住房建筑面积以不超过70平方米的小户型为主，租金低于同地段同品质租赁住房市场租金。开展保障性租赁住房需求调查，摸清保障性租赁住房需求和存量土地、房屋资源情况，按照以需定供原则，结合现有租赁住房供求和品质状况，采取新建、改建、改造和将政府的闲置住房用作保障性租赁住房等多种方式，切实增加供给。在此基础上，根据需求，制定保障性租赁住房年度建设计划和中长期发展规划，并向社会公布。“十四五”时期，全省计划筹集保障性租赁住房5.5万套(间)，尽最大努力帮助新市民、青年人等群体缓解住房困难。

持续推进城市更新和乡村建设

深入实施城市更新行动，全方位推动城市实现高质量发展。发布实施建设标准，统筹设施建设，构建安全便捷、设施完善、管理智能、全龄友好的完整居住社区。推进完整居住社区建设，提升城镇老旧小区和住房

长治市大力推进城市基础设施建设，2021年新增各类停车位5404个。

品质，补齐城市基础设施短板。2021年，山西城市人居环境不断改善，棚户区住房改造开工1.59万套、基本建成4.58万套。实施老旧小区改造，开工1891个。新增城市绿地1356万平方米、绿道110千米、公园及小微绿地162个。新建12座生活污水处理厂，城市生活污水集中收集率达到67.9%，城镇污水处理提质增效三年行动圆满收官。7个设区市建成生活垃圾焚烧厂，实现生活垃圾“全焚烧、零填埋”，6个设区市建成餐厨垃圾处理厂，实现餐厨垃圾“全处理、零填埋”，城市生态环境进一步改善。山西将继续扎实落实城市更新九项任务，推进完整居住社区建设，加强公园绿地建设，提升城镇老旧小区和住房品质，补齐城市基础设施短板，加快城镇燃气设施改造，推进慢行街道建设和老旧街巷整治，加强历史文化保护传承，推动绿色低碳县城建设，提升城市精细化管理水平。健全常住地提供基本公共服务制度。

实施乡村建设行动，提升乡村建设品质和管理水平。全面开展乡村建设评价，选择一批有代表性的样本县，开展乡村建设评价工作。加强农村住房建设管理和安全保障，强化农村生活垃圾治理，推进建制镇生活污水治理，加大传统村落保护力度。2021年，山西圆满完成

3725户农村危房改造和1320户农房抗震改造任务，重建修缮5.75万户因灾受损农房，受灾群众全部搬入安全住房。55个镇建成生活污水处理设施、农村生活垃圾收运处置体系覆盖自然村比例达到91.3%，均超额完成年度任务。山西将进一步扎实稳妥推进乡村建设，健全乡村建设实施机制，接续实施农村人居环境整治提升五年行动，2022年完成农村改厕33万户，因地制宜推进农村垃圾、污水处理等设施建设，推动生产生活基础设施向村覆盖、向户延伸。

033
005

第六章

守护三晋平安梦

——如何打造共建共治共享的社会治理格局？

位于临汾市尧都区的三元社区，总面积1.5平方千米，总人口近2万，曾经是典型的“三多两低”老旧社区，环境脏乱、矛盾聚集、纠纷不断，治理难度大。近年来，三元社区加快推进市域社会治理现代化的工作要求，持续发挥党组织在平安创建中的引领作用，做强党建、做优服务、做活资源，探索出一套特色鲜明、实用有效的“4+6”工作法，走出了一条组织管理精、党员队伍强、场所功能全、为民办事实、志愿服务优的社区治理新路子。2021年底，三元社区荣获“平安中国建设先进集体”荣誉称号，辖区面貌焕然一新，治安环境明显改善，居民群众获得感、幸福感、安全感不断提升，满意度明显增强，原来的“老乱穷”变成了今天的“幸福园”。

平安，民生所盼、发展之基。习近平总书记指出，要不断完善中国特色社会主义社会治理体系，打造共建共治共享的社会治理格局，努力确保人民安居乐业、社会安定有序，建设更高水平的平安中国。山西紧紧围绕共建共治共享目标，以“五安联创”为抓手，用最高标准、最严要求扎实做好防风险、保安全、护稳定各项工作，社会治理体系不断完善，社会安全稳定形势持续向好，推动全社会共创平安、共护平安、共享平安。

一、聚焦政治更安全，推进维护国家政治安全建设

政治安全始终是国家安全的根本。筑牢政治安全的铜墙铁壁，深入推进反渗透反颠覆反恐怖反分裂斗争，守好意识形态主阵地，打好主动仗、持久仗、总体仗，坚定维护国家政权安全、制度安全、意识形态安全，筑牢维护国家安全的铜墙铁壁。

坚决当好首都“护城河”

山西地处拱卫京畿要地，当好首都政治“护城河”是必须扛起的重大责任。要紧紧围绕维护政权安全、制度安全、意识形态安全，持续加强“两工程一机制”建设，坚持管早管小、防微杜渐，深入推进反渗透反颠覆反恐怖反分裂斗争，持续打击非法宗教渗透、邪教滋扰，打好主动仗、持久仗、总体仗。牢牢掌握意识形态斗争主动权，严防敌对势力网络渗透破坏，切实守好高校意识形态主阵地。坚持敏锐洞察、果敢果断，高度警惕涉访涉稳风险，多措并举解决群众合理诉求，有力维护群众合法权益，及时防范各类风险传导蔓延，确保全省政治社会大局稳定。抗击新冠疫情以来，山西始终站

在做到“两个维护”的高度，果敢敏锐、抓早抓小，坚决阻断疫情传播风险，以众志成城的合力和持续作战的韧劲，不断提高科学精准防控水平，筑牢疫情防控“山西阵地”，当好首都“护城河”。

健全平安建设责任机制

稳定压倒一切，责任重于泰山。山西省委、省政府带头签订平安山西建设目标管理责任书，省委常委会每季度听取社会稳定工作汇报，研究部署平安建设，每年进行述职评议、考核奖惩，完善专项调度、战果通报、

运城市芮城县风陵渡黄河大桥疫情防控检测站把牢关口，落实“点对点”闭环管理。

督导调研、项目化推进等运行机制，有力推动了平安山西建设深入开展。各级党委把平安建设作为重大政治任务，摆上重要议事日程，及时研究解决体制性、机制性、政策性重大问题，形成了“五级书记”抓平安的生动局面。

山西普遍成立平安建设领导小组及其办公室，建立了领导小组全体会议、平安建设工作会议、专项工作会议、专项负责、请示报告、督办协调、督促检查和表彰奖励、责任查究等一系列规章制度，并分别成立了维护稳定、社会治理、防范邪教、社会矛盾化解等专项工作组，不仅压实了各级党委促一方发展、保一方平安的政治责任，而且通过建立机制、完善制度的方式，及时总结提炼，推广工作经验，形成一套符合实际、好用管用的社会治理模式和维稳指挥体系。各级平安建设领导小组充分运用综治政策工具，严肃责任查究，督促各级各部门严格落实平安建设主体责任，以最强责任担当推进各项工作措施落地落实。

二、聚焦社会更安定，着力防范重点领域风险

备豫不虞，为国常道。山西忠实践行以人民为中心

的发展思想，紧盯影响社会稳定的重大风险，完善源头防控、排查梳理、纠纷化解、应急处置的社会矛盾综合治理机制，重点防范化解可能对全方位推动高质量发展产生重大干扰的全局性风险，严密防范经济金融、社会矛盾、个人极端等风险交叉感染、叠加共振形成风险综合体，坚决切断风险隐患转变为突发事件的通道，切实维护全省大局和谐稳定。

坚决守住不发生系统性区域性金融风险底线

金融活、经济活，金融稳、经济稳。金融安全是国家安全的重要组成部分。防范化解金融风险，是实现高质量发展必须跨越的重大关口。在党中央坚强领导下，山西坚决扛起属地风险处置责任，坚持案件侦办、金融反腐和改革化险“三线”作战，全力推进地方金融改革化险，金融风险得到有效化解与处置。面对国际金融危机持续影响和我国经济发展面临需求紧缩、供给冲击、预期转弱三重压力，当前经济领域面临不少新情况新动态新挑战。山西要坚持稳字当头，在协同推进改革化险和提质增效上下功夫，实现金融稳、保障经济稳。

山西始终加强党对金融工作的领导，坚定不移贯彻落实党中央决策部署，确保地方金融高质量发展。要围绕全方位推动高质量发展目标要求，聚焦产业转型两个方面、市场主体倍增、开发区建设、乡村振兴等重点任务，统筹短期纾困和远期增强经济发展后劲，落实金融支持稳经济工作措施，完善政银企常态化对接机制，促进重大战略部署加快落地见效。要树牢底线思维，扣紧压实各方责任，不断强化金融监管，全面梳理排查风险隐患，扎实抓好不良资产清收处置，坚决守牢不发生系统性区域性金融风险底线。

加强预防和化解社会矛盾机制建设

大局稳则百姓安，百姓安则百业兴。山西各级党委

太原公安龙城铁骑为高考爱心护考。

政府建立社会稳定形势定期研判制度，加强情报预警和风险评估，源头化解、风险防控的整体水平稳步提升。深入实施“两工程一机制”，全面织密人事物地网“五张法网”，筑牢“四道防线”，健全信息共享、区域协作、部门联动、等级勤务、应急处置“五项机制”，形成整体联动、共筑防线的工作格局。开展化解社会稳定重点难点问题攻坚战，各地各单位“一把手”带头包案，实施“一案一专班”“一人一对策”，逐件对账化解销号，疑难复杂问题化解率达到93.5%，实现了既定工作目标。

加强预防和化解社会矛盾机制建设，山西出台《关于防范化解和妥善处置群体性事件的实施意见》，细化13条54项具体任务，推动工作落实。严厉打击群众反映强烈的黄赌毒、盗抢骗、食药环等各类违法犯罪活动，专项整治邻里家庭矛盾纠纷和“民转刑”命案，积极实施打击整治养老诈骗专项行动，侦办新型网络犯罪成果获公安部充分肯定。2021年与2017年相比，全省治安案件、刑事案件和命案数大幅下降，多项指标优于全国平均水平，全省社会治安持续稳定。依法严厉打击利用疫情哄抬物价、制售假劣药品医疗器械、妨碍公务等扰乱社会秩序的违法犯罪行为，切实提升了社会面整体防控水平。

推进应急管理体系和本质安全能力建设

应急管理是国家治理体系和治理能力的重要组成部分，承担防范化解重大安全风险、及时应对处置各类灾害事故的重要职责，担负保护人民群众生命财产安全和维护社会稳定的重要使命。2021年，面对疫情影响之后安全风险加大和极端天气灾害严重的双重压力，山西统筹发展和安全，积极防范化解重大安全风险，推进防灾减灾救灾工作，各项工作取得明显成效。

当前，山西灾害种类多、分布地域广、发生频率高、造成损失重的基本省情没有改变，各类事故隐患和安全风险交织叠加、易发多发的客观形势依然存在，应急管理、防灾减灾救灾、安全生产仍面临严峻挑战。2021年9月，山西出台《山西省“十四五”应急管理体系和本质安全能力建设规划》，紧盯防范化解自然灾害、事故灾难两大类突发事件，重点聚焦建设灾害预防体系、应急救援力量体系、应急综合保障体系、应急科技创新能力、共建共治共享体系5方面任务，坚决防范化解重大安全风险，加强防灾减灾救灾工作，为全方位推动高质量发展创造安全稳定环境。

三、聚焦人民更安宁，不断提升维护公共安全效能

山西以常态化扫黑除恶斗争为牵引，保持严打整治高压态势，加强社会治安防控体系建设，严厉打击整治违法犯罪，强化安全隐患常态化治理，全面提高公共安全保障能力，努力为人民群众创造安业、安居、安康、安心的良好环境。全省群众安全感和满意度持续保持在96%以上，圆满完成中国共产党建党100周年等重大活动安保，连续9年被评为平安中国建设(综治工作)先进省份。

保持扫黑除恶高压态势

黑恶不扫，社会难稳；黑恶不除，民心难安。在山西“深化改革、转型发展、改善民生重大举措及成果评选活动”中，扫黑除恶专项斗争以1769万票，位列改善民生15个项目之首，成为党的十九大以来最得民心的大事之一，扫黑除恶专项斗争取得了全面胜利。山西省连续3年被评为全国先进省份，省扫黑除恶领导小组及办公室获得全国专项斗争一等奖。

巩固专项斗争成果，引深扫黑除恶常态化，开展

社会治安、经济民生、农业农村三大领域违法犯罪打击整治专项行动，建立“1+6+N”制度体系，2021年以来，推进存量案件清结，全省案件生效率93.7%、“黑财”处置率95.7%、伞网覆盖率98.48%。

严厉打击重点领域违法犯罪

食品药品安全、生态环境治理和知识产权刑事保护是近年来人民群众高度关心关注的问题。特别是食品药品，事关“舌尖”“针尖”上的安全，是人民群众最关心、最直接、最现实的利益问题。2021年以来，山西公安机关扎实开展打击食药环和知识产权领域犯罪“昆仑2021”“昆仑2022”专项行动，以强有力的刑事打击维护了社会大局安全稳定，保障了人民群众生命健康和财产安全，服务了平安山西、法治山西、健康山西和美丽山西建设。

打击危害食品安全犯罪方面。聚焦人民群众“舌尖上的安全”和我省特色食品，深入开展打击假劣白酒陈醋专项会战和打击制售假劣农资犯罪切实保障春耕生产专项行动，深入开展严厉打击涉烟违法犯罪专项行动。

打击危害药品安全犯罪方面。聚焦人民群众用药安全和中医药强省战略部署，紧密结合常态化疫情防控需求，持续推进打击涉新冠肺炎疫情领域犯罪，深入开展打击非法医疗美容服务专项整治工作和打击整治中药领域违法犯罪专项会战。

打击侵犯知识产权和制售伪劣商品犯罪方面。坚持健康安全、科技创新、文化繁荣、营商环境、源头治理“五个聚焦”工作思路，持续严厉打击危害人民群众生命健康、生产生活和侵犯企业商标权、专利权及商业秘密等领域犯罪，深入开展打击整治非标油专项工作。

打击危害生态环境犯罪方面。聚焦“两山七河一流域”生态修复治理、黄河流域生态保护和高质量发展。开展“利剑斩污”专项行动，深入开展打击私挖盗采矿产资源犯罪和打击“大棚房”问题非法占用农用地犯罪等专项行动。

强化安全隐患常态化治理

安全稳定工作连着千家万户，宁可百日紧，不可一日松。山西坚持把发展作为解决我省一切问题的基础和关键，把安全作为全方位推动高质量发展的基本保障和重要标志。统筹发展和安全，紧紧扭住防控重大风险、防范重特大事故这个“牛鼻子”，牢牢守住红线底线。2022年5月，山西出台《关于开展全省安全生产大检查大整治大提升行动工作方案》，在全省范围内开展安全生产大检查大整治大提升行动，全面排查治理各行业领域重大风险隐患，进一步强化安全生产红线意识和底线思维，严格落实地方党委、政府安全生产责任和部门安全监管责任，严肃追究领导责任和监管责任，严格履行企业主要负责人第一责任人责任，织密织牢安全生产责任体系，推动形成紧密咬合的责任链条。

祸几始作，当杜其萌。防灾胜于减灾，狠抓安全生产，必须夯实“源头关”，要从“根”上治。加大安全投入和培训，强化现场管理，强化科技赋能，完善应急救援体系。要在狠抓安全生产中探索行之有效的方法，在日常管理上下功夫、在智能化控制上提水平、在加强员工安全生产培训上分基础，不断补齐安全生产中存在的短板弱项。通过拉网式大排查大整治，管住管好煤炭、危化品、燃气管网、道路交通等重点行业领域，统筹做好消防、森林防火、应急值守等工作，确保排查整治不打折扣、不留死角、不走过场，切实保障人民群众生命财产安全和社会大局稳定。

四、聚焦基础更安稳，积极构建基层社会治理新格局

深化平安建设，重点在基层，难点在基础。山西深入学习贯彻习近平总书记关于基层治理重要论述和考察调研山西重要指示精神，省委确立2022年为“基层治理能力提升年”，在全省开展抓党建促基层治理能力专项行动，推动资源、服务、管理下沉基层、做实基层，全面提升基层治理体系和治理能力的现代化水平。山西大力推动社会治理重心向基层下移，坚持和发展新时代“枫桥经验”，扎实推进市域社会治理现代化试点工作，加强基层综治中心和社区警务室、检察室、人民法庭、司法所、信访接待中心等规范化、信息化建设，发挥好“全科网格”作用，组织法人单位深入开展平安创建活动，努力建设人人有责、人人尽责、人人享有的基层治理共同体。

推进市域社会治理现代化试点

自全国部署启动市域社会治理现代化试点工作以来，山西把市域社会治理现代化作为社会治理现代化的切入点和突破口。积极打造基层社会治理新模式，不断完善党委领导、政府负责、民主协商、社会协同、公众参与、法治保障、科技支撑的社会治理体系。推动社会治理在市域整体统筹、工作举措在市域精准落地、重大矛盾风险在市域有效化解，有力提升社会治理整体水平，推动平安山西建设取得了重要成效。

市域社会治理现代化是个大命题，社会治理的“第一道防线”在于强基层。山西统筹推进城乡社会治理，组织全省66.02万个村、社区和企事业单位开展基层平安创建。全省1398个乡镇(街道)全部配齐配强政法委员，推动基层党建与平安建设互促互进。夯实自治基础，以村(社区)“两委”换届选举为契机，实施县级联审，选派党员干部到基层任职，推动群众性自治组织进一步加强。完善法治保障，组织开展“民主法治示范村(社区)”创建活动，培养农村“法律明白人”7万余人，全民守法的社会基础进一步夯实。发挥德治作用，全省行政村普遍制定完善村规民约，推进星级文明户创评，德治成为平安文化的重要一环。推动全省信访总量、生产安全亡人事故起数、刑事和治安案件分别同比大幅下降。

·延伸阅读·

《山西省婚姻家庭矛盾纠纷“五色”分级预警处置工作方案》

级别	表现形式	处置办法
绿色	家庭成员因某事或问题产生意见分歧，但当事人思维理性、态度平和。	首先进行耐心细致的政策和法律法规讲解，并发放婚姻家庭知识手册，开展家庭美德教育。
蓝色	存在婆媳、夫妻等关系不和现象的家庭，贫困、残疾、留守、流动妇女儿童和单亲、失亲、矛盾多的家庭面临的困难和问题。	主动上门做好调解说和工作，引导其积极创建最美、平安、五好、文明家庭；对贫困、残疾、留守、流动妇女儿童和单亲、失亲、矛盾多的家庭，要想方设法开展关爱帮扶活动，帮助她们解决生活中的实际困难。
黄色	存在配偶有外遇、离婚投诉、遗产继承纠纷等问题，初次遭受家庭暴力且情节较轻的。	容易升级的配偶有外遇、离婚投诉、遗产继承纠纷等问题，则由相关部门进行综合调处；对于初次遭受家庭暴力且情节较轻的弱势群体，运用法律咨询、心理疏导、婚姻家庭关系指导、困难帮扶等方式为受害人及其家庭提供帮助，并向公安机关报案，由公安机关依法对加害人进行批评教育或出具告诫书。
橙色	家庭暴力已经造成人身伤害或具有现实危险性的，且当事人态度恶劣没有悔改之意的，以及情节较轻但多次发生家庭暴力的和存在遗弃或虐待家庭成员、重婚及其他疑难、复杂的家庭矛盾纠纷的。	已经造成人身伤害或具有现实危险性的，妇联组织可以协助受害人反映诉求，进行家庭暴力伤情鉴定、申请人身安全保护令、开展法律帮助、心理疏导和庇护救助等。
红色	特别严重的高危致命危险的家庭暴力投诉，或者本人及其亲属面临人身安全威胁的，有可能引发“民转刑”案件，并导致社会公共安全事件的。	属于高危致命危险的家庭暴力投诉，应当第一时间报告公安机关和逐级上报至市平安建设矛盾化解专项组，在专项组的指导下，妇联组织的配合下，会同市婚调委、市矛盾纠纷调解中心进行综合调处。

积极发挥“全科网格”作用

“网格”作为山西基层社会治理的基本单元，是促进党和国家重大决策部署落实到基层、见效在基层的重要依托。山西不断完善城乡社区网格化服务管理，制定试点行动计划和分类指导实施方案，出台《关于深化网格化服务管理的指导意见》，推动全省117个县（市、区）“全科网格”全覆盖，依托村（社区）划分6.5万个基本网格单元，统筹网格内党的建设、社会保障、综合治理、应急管理、社会救助等工作，初步形成了“多网合一、一网通管”的基层社会治理新格局。

吕梁市离石区昌茂社区网格员耐心解答居民问题。

“网格”虽小，“舞台”却不小，凝聚了党心和民心，打通了社会治理“最后一公里”。全科网格员是发现基层矛盾隐患的“哨兵”，是实现精细化治理、精准化服务的基本力量。在城市社区，通过建设“全科网格”为基层治理赋能，激活各方资源，在“小网格”中实现社区“大治理”；在乡村，从生态建设到产业发展，从经验总结到资源整合，一个个乡村换了新面貌，一方方土地生出了新希望。2021年，全省网格员共上报各类问题隐患线索293万余件，化解处置率达98.92%。特别是疫情防控期间，上报涉疫相关信息6.32万条，为抗击疫情发挥了重要作用。基层社会治理神经末梢进一步贯通，平安建设整体效能进一步显现。

坚持和发展新时代“枫桥经验”

信访是送上门来的群众工作。为高质量做好信访工作，山西全面落实《信访工作条例》和第九次全国信访工作会议精神，牢记为民解难、为党分忧的政治责任，不断提升信访工作法治化、科学化、规范化水平，深化社会矛盾风险隐患大排查大起底大化解行动，着力解决信访突出问题，夯实基层社会治理，切实把信访制度优势转化为社会治理效能。健全完善矛盾纠纷多元化解机制，坚持和发展新时代“枫桥经验”，完善矛盾纠纷多元预防调处化解综合机制。对此，山西出台《关于坚持和发展新时代“枫桥经验”加强矛盾纠纷多元预防化解的指导意见》，开创具有山西特色的诉调对接、集约服务、移动法院、诉服热线、解纷平台、信访处控“六个一”多元解纷和诉讼服务体系，健全完善一站式多元解纷和诉讼服务体系，有效预防化解重大矛盾风险。

截至2021年底，相较于2017年，山西信访总量、集体访数量分别下降13.23%、71.18%。借助“互联网+”平台优势，统筹综治中心、法院调解平台、审判系统、移动微法院以及“公安掌上派出所”，司法“智慧调解服务系统”，汇聚3837名特邀调解员、26373个调委会专业力量和5085名基层民警矛盾化解合力，形成互联互通互动的线上“一站式多元解纷平台”，诉源治理、多元解纷单项指标位居全国前列。

推进“互联网+”治理模式

数字化浪潮为社会经济发展注入新活力的同时，也为社会治理绘制了全新路径和图景。

推进政务服务智能化。当前，数字政府建设已经按下了“快进键”，创新政务治理新模式成为各地政府数字化转型升级的“必修课”。《山西省“十四五”新业态规划》提出，要加快推进政务服务智能化，打造全省政务服务一体化综合平台。山西以“五个一”为统领，形成山西数字政府建设大格局。构建政务“一朵云”，统筹各部门数据资源；优化政务“一张网”，整合各市县网络体系；数据共享“一平台”，实现政府数据互联互通；贯通协作“一系统”，推动多终端数据对接；信息安全“一城墙”，加强数据安全管控。山西数字政府建设坚持上接国家、下联市县、横向到边、纵向到底全覆盖，有力提升了政府宏观决策、经济调控、市场监管、社会治理、公共服务、行政执行能力。

推进社会治理智能化。以“智治”为支撑，大数据技术也为平安山西赋能。推动基层党组织体系与网格化治理体系、数字化治理手段充分融合，推进治理“智能化”建设，着力提升基层治理效率和现代化水平。不断织绘“科技+群防网络”的防控网络，依托“圈层防控”“最强大脑”“智慧公安”模式，建立起立体化信息化社会治安防控体系，实现了从条数据到块数据、从点到线到面、从网上到网下、从地域到空域的质的提升。在此基础上，抢抓大数据智能化应用机遇，以“智慧城市”建设为契机，以“雪亮工程”建设为牵引，不断在“建、联、管、用”四个环节发力，逐渐打造集城乡统筹、网上网下融合、人防物防技防结合、打防管控于一体的社会治安防控新格局。

五、聚焦网络更安靖，持续深化网络空间综合治理

习近平总书记指出，没有网络安全就没有国家安全，就没有经济社会稳定运行，广大人民群众利益也难以得到保障。山西主动适应网络斗争的新形势新要求，坚持底线思维，强化责任担当，不断夯实网络安全工作基础，持续加强网络安全保障体系和能力建设，共同推进文明办网、文明用网、文明上网，以时代新风塑造和净化网络空间，筑牢网络安全的山西防线。

加强网络空间生态治理

为全方位推动高质量发展营造良好舆论环境，必须以更高站位、更大力度、更实举措主动作为，积极推进互联网内容建设，弘扬新风正气，深化互联网生态治理，不断推动网络文明建设取得新成效。立足实际，山西持续深入开展“清朗”专项行动，不断强化属地网络

·知识链接·

2022年国家互联网信息办公室部署开展的“清朗”系列专项行动十大重点任务

◎“清朗·打击网络直播、短视频领域乱象”专项行动
◎“清朗·MCN机构信息内容乱象整治”专项行动
◎“清朗·打击网络谣言”专项行动
◎“清朗·2022年暑期未成年人网络环境整治”专项行动
◎“清朗·整治应用程序信息服务乱象”专项行动
◎“清朗·规范网络传播秩序”专项行动
◎“清朗·2022年算法综合治理”专项行动
◎“清朗·2022年春节网络环境整治”专项行动
◎“清朗·打击流量造假、黑公关、网络水军”专项行动
◎“清朗·互联网用户账号运营专项整治行动”

生态治理，及时清理网上各类有害信息。圆满完成庆祝中国共产党成立100周年、北京冬奥会和冬残奥会我省网络安全保障工作。

在2022年北京冬奥会开幕式期间，山西公用通信网和公共互联网网络运行稳定，未发生重大网络安全事件。发现并处置恶意IP311个、移动恶意程序123个、僵尸木马程序64个；巡查监测发现并处置涉黄类违法违规网站和网页59个，发现并处置垃圾及有害短信10.1万条、彩信33条，拦截诈骗及骚扰电话7.6万次，网络秩序进一步规范，网络空间更加清朗。

提升全民网络安全意识

山西始终坚持以人民为中心的发展思想，运用网络传播规律，弘扬主旋律，激发正能量，把常态化宣传教育作为维护网络安全的重要抓手，推动网络安全宣传进社区、进农村、进企业、进机关、进校园、进家庭、进网络。坚持突出人安全观培育、突出网络安全重点、突出网信系统特色、突出知识普及导向，指导新闻网站制作推出各具特色的新媒体产品，联系相关专家走进演播室，深入开展国

建设更高水平平安山西

聚焦政治更安全
推进维护国家政治
安全体系和能力建设

◎深入推进反渗透反颠覆反恐怖反分裂斗争。
◎守好意识形态主阵地。
◎打好主动仗、持久仗、总体仗。
◎做好北京冬奥会和党的二十大期间安保维稳工作。

建设更高水平平安山西

聚焦社会更安定
着力防范化解
重点领域风险

◎紧盯影响社会稳定的重大风险。
◎重点防范化解可能对全方位推动高质量发展产生重大干扰的全局性风险。
◎严密防范经济金融、社会矛盾、个人极端等风险交叉感染、叠加共振形成风险综合体。

建设更高水平平安山西

聚焦人民更安宁
不断提升维护
公共安全效能

◎严厉打击整治突出违法犯罪：涉枪涉爆、电信网络诈骗、盗采矿产资源和“盗抢骗”“黄赌毒”“食药环”等。
◎强化安全隐患常态化治理：消防、交通、燃气管道、危爆物品等。

建设更高水平平安山西

聚焦基础更安稳
积极构建基层社会
治理新格局

◎扎实推进市域社会治理现代化试点工作。
◎加强规范化、信息化建设：基层综治中心和社区警务室、检察室、人民法庭、司法所、信访接待中心等。
◎发挥好“全科网格”作用，组织法人单位深入开展平安创建活动。

建设更高水平平安山西

聚焦网络更安靖
持续深化网络空间
综合治理

◎全面加强网络安全检查，健全完善工作机制，有力遏制网络违法犯罪多发高发势头。
◎加大对涉及国家秘密、商业秘密、个人隐私等重要数据的保护力度。
◎努力营造清朗的网络空间。

建设更高水平平安山西五个“聚焦”

家安全、网络安全的法律宣讲、形势宣介、知识宣传。

每年举办国家网络安全宣传周山西活动，组织开展“主题日”活动，协调新闻媒体、电信企业通过设立专题专栏、发送公益短信等方式集中宣传，组织开展网络安全知识主题展、线上有奖答题、微课展播、网络安全知识面对面等活动，让网络安全知识入脑入心。2021年10月，山西省互联网新闻信息服务从业人员人才培训基地揭牌，为培养更多优秀互联网新闻信息服务人才，提升新闻传播引导力、影响力、公信力，讲好山西故事赋能增效。经过不懈努力，山西全社会的网络安全意识普遍提高、防护技能有效增强，营造了“网络安全为人民，网络安全靠人民”的良好氛围。

打击治理电信网络诈骗犯罪

山西把打击治理电信网络诈骗犯罪作为“我为群众办实事”实践活动的重要内容，突出问题导向，强化法治思维，坚持齐抓共管、群防群治，全面落实“两卡一网”监管、“断卡”行动等打防管控措施，提高网络诈骗信息堵截能力和全链条打击能力，持续加大“三个一”宣传力度，增强全社会识骗防骗意识，坚决遏制电信网络诈骗犯罪多发高发态势，更好维护人民群众财产安全与合法权益。

山西坚决把打防管控各项措施抓细抓实抓落地，重点在“防”和“控”上下功夫、做文章，坚持教育在先、预防在前、防患于未然的源头治理和综合治理原则。推动电信网络诈骗安全教育的全覆盖，促进安全意识、安全能力、安全素养入脑、入心、入行，有效防范和坚决避免电信网络诈骗案件的发生。另外，及时汇总电信网络诈骗信息，分发执勤民警处理，争取第一时间做到及时回访、及时止损，有效遏制电信网络诈骗犯罪多发高发态势。2021年，山西开展防范非法集资、电信网络诈骗集中宣传活动，“点对点”入户宣传1167万户。截至2022年5月，全省注册“国家反诈中心”APP人数达1430万人，全社会反诈氛围深厚。

第七章

沃野逐梦绘新景

——如何全面实施乡村振兴战略？

雪花纷飞时，又是一年春。农历虎年春节前夕，习近平总书记冒雪踏访汾西县僧念镇段村，察访基层实情、关切百姓冷暖。通过种植、养殖、林果、光伏产业等多元发展，段村于2019年12月实现了整村脱贫。2021年全村人均可支配收入达到1.2万元。如今的段村“儿童有学上，老人有赡养；小病不出村，住房有保障；就业有门路，困难有帮扶”。产业兴、百姓富、乡风正的时代画卷在三晋大地铺展开来，岁岁年年累积的沧桑之变，沉淀着乡亲们致富奔小康的幸福。

习近平总书记指出，现代化离不开农业农村现代化，要把巩固脱贫攻坚成果和乡村振兴衔接好，使农村的生活奔向现代化，越走越有奔头。山西是全国脱贫攻坚的重要战场。党的十八大以来，山西始终把脱贫攻坚摆在全局工作的突出位置，推动脱贫攻坚战取得全面胜利，58个贫困县全部摘帽，329万贫困人口全部脱贫，书写了有中国特色、山西特点的减贫之路。全面实施乡村振兴战略，加强对乡村振兴先行示范县、整体推进县、重点帮扶县的分类指导，确保巩固拓展脱贫攻坚成果同乡村振兴有效衔接，在新的赶考中交出优秀的山西答卷。

一、巩固拓展脱贫攻坚成果，下足下好“绣花功夫”

胜非其难也，持之者其难也。脱贫摘帽不是终点，而是新生活、新奋斗的起点。在打赢脱贫攻坚战、全面建成小康社会后，要千方百计巩固拓展脱贫攻坚成果，着力从解决要素支撑“有没有”向能力提升“好不好”转变，接续推动脱贫地区发展和群众生活改善，把夺取脱贫攻坚全面胜利作为稳定脱贫的新起点、乡村振兴的新支点。

保持主要帮扶政策总体稳定

为巩固脱贫、防止返贫，要保持扶贫政策相对稳定。当前，有些脱贫地区发展基础仍然薄弱，有的脱贫群众收入水平仍然不高，遇到风险变故仍有可能返贫。坚决克服“松口气、歇歇脚”等松懈疲软思想。脱贫县从脱贫之日起，设立5年的过渡期。严格落实“摘帽不摘责任、摘帽不摘政策、摘帽不摘帮扶、摘帽不摘监管”的要求，保持现有主要帮扶政策措施总体稳定、不断调整优化，合理把握调整节奏、力度、时限，做到政策衔接“进退去留”适度，确保政策连续性。2021年是巩固拓展脱贫攻坚成果有效衔接乡村振兴起步之年，山西跟进对接中央层面38项调整优化政策，出台贯彻意见或实施方案，对现有帮扶政策分类优化调整，做到各项政策举措只能强化不能削弱，构建起巩固拓展有效衔接的政策体系。

健全防止返贫动态监测和精准帮扶机制

脱贫是攻坚战，稳脱贫则是持久战。要把健全防止返贫动态监测和精准帮扶机制作为预防和解决返贫

临汾市汾西县冯南垣村村民正在做年馍。

问题、巩固拓展脱贫攻坚成果的有效举措，坚决守住不发生规模性返贫的底线。紧盯易返贫致贫人口，聚焦可能引发区域性、规模性返贫致贫的风险点，健全监测、帮扶和保障三大机制，构建具有山西特色的“三四五六”防止返贫监测和帮扶体系，做到早发现、早干预、早帮扶。2021年新识别防返贫监测对象1.6万人，均全部落实针对性帮扶措施。

· 知识链接 ·

“三四五六”防止返贫监测和帮扶体系

瞄准三类对象：紧盯脱贫不稳定户、边缘易致贫户、因病因灾因残因意外事故导致基本生活出现严重困难户这“三类户”。

落实四方预警：综合运用农户自主申报、基层干部排查、部门筛查预警、舆情信访研判四种监测方法，深入核实并发现监测对象。

强化五项责任：市县主体责任、领导帮扶责任、部门监管责任、结对帮联责任、属地救助责任。

筑牢六道帮扶防线：筑牢产业帮扶防线、筑牢就业帮扶防线、筑牢“四个不摘”政策防线、筑牢资产保障防线、筑牢社会保障救助防线、筑牢搬迁后扶产业就业保障防线。

建立完善精准施策分类帮扶机制。对有劳动能力的人口，要坚持开发式帮扶方针，落实产业就业帮扶。2021年全省脱贫劳动力务工就业人数和外出就业务工人数比2020年实现“两个高于”；对没有劳动能力的人口，落实兜底式保障，及时纳入现有社保体系，并逐步提高保障水平；对因病因灾或者意外事故造成的返贫人口落实应急性救助。继续实施和完善领导联系帮扶、县际结对帮扶、企业合作帮扶、学校医院对口帮扶机制，确保帮扶无死角、救助无盲区，接续推动脱贫地区发展和群众生活改善，坚决守住不发生规模性返贫底线。

巩固“两不愁三保障”成果

民之所忧，我必念之；民之所盼，我必行之。巩固拓展“两不愁三保障”成果，是健全巩固拓展脱贫成果长效机制，确保脱贫质量成色经得住实践检验的基本要求。围绕巩固拓展“三保障”和饮水安全成果，山西出台《巩固拓展“两不愁三保障”成果的实施方案》。义务教育有保障主要是巩固控辍保学成果，改善办学条件，提高教学质量。基本医疗有保障主要是持续巩固基本医疗保障成果，提升基层医疗卫生服务能力，防范因病致贫返贫风险。住房安全有保障主要是建立脱贫人口住房安全动态监测机制，建立农房定期“体检”制度，进一步提升乡村宜居水平。饮水安全方面主要是巩固维护好已建农村供水工程成果，强化水源地保护和水质检测，因地制宜推进城乡供水一体化和农村区域供水规模化建设。

做好易地扶贫搬迁后续扶持工作

·数说山西·

山西采取有力措施，着力解决好贫困群众义务教育、基本医疗、住房安全和饮水安全有保障等问题。2021年以来，义务教育有保障全省共排查学校7975所，排查人数328.9万人；基本医疗有保障全省253.76万脱贫人口全部纳入帮扶政策覆盖范围，符合条件的36.3万名脱贫人口全部纳入门诊慢性病保障范围；住房安全有保障排查发现问题172户，已全部完成整改；农村饮水安全排查发现隐患工程120处，已全部完成整改。全省农村低保保障标准平均从5319元提高到5658元。残疾人两项补贴分别提高到每人每月66元、89元。

搬迁群众是最容易发生规模性返贫的特殊群体，集中安置区是防止发生规模性返贫重点区域，搬迁后扶是巩固拓展脱贫攻坚成果的重中之重。山西出台《关于做好易地扶贫搬迁后续扶持工作巩固拓展脱贫攻坚成果的实施意见》，提出要抓好防止返贫动态监测和帮扶，实现稳定脱贫好；促进搬迁群众更充分更稳定就业，实现就业创业好；推动后续产业可持续发展，实现产业发展好；补齐基础设施和公共服务短板，实现配套保障好；强化社区治理促进社会融入，实现惠民服务好；保障群众权益推进生态宜居，实现人居环境好。推动相关部门细化落实后续扶持政策，将“六好达标”纳入乡村振兴实绩考核范围，引导搬迁群众更好地融入迁入地，在“搬得出”的基础上确保群众

吕梁市方山县庄上村鸟瞰

稳得住、有就业、逐步能致富，让更多群众共享发展成果。

“十三五”期间，山西已累计实现47.2万人易地搬迁，总规模排全国第9位。整体搬迁深度贫困自然村3365个，建设集中安置区1122个，涉及11个市83个项目县，总投资250亿元，建筑总面积达到1074.2万平方米。安置区及周边共新建或共享小学1049所、初中1044所、卫生室（站）1122个，基本实现教育、医疗保障全覆盖。2021年全省投入易地搬迁后续扶持15.22亿元，持续巩固易地搬迁脱贫成果。忻州市保德县构建“三大体系”，强化后续扶持；吕梁市临县五狠抓、五创建、奋力书写“后半篇”文章；长治市平顺县从住楼房到端

·特别关注·

山西省五项亮点工作获国务院督查激励

2022年6月9日，国务院办公厅发布通报，经国务院同意，对2021年落实重大政策措施真抓实干成效明显地方予以督查激励。山西5项工作榜上有名。

运城市在深化“放管服”改革优化营商环境工作中，推进企业登记注册便利化、深化“双随机、一公开”监管和信用监管、落实公平竞争审查制度等深化商事制度改革成效明显，受到督查激励。2022年，运城市将被优先选择为企业登记注册便利化改革、企业年度报告制度改革、企业信用监管、智慧监管、重点领域监管、公平竞争审查等试点地区，优先授予外商投资企业登记注册权限，优先支持创建网络市场监管与服务示范区，优先支持建设公益广告创新研究基地。

忻州市易地扶贫搬迁后续扶持工作成效明显，受到督查激励。2022年对忻州市将进一步加大后续扶持政策支持力度，在安排以工代赈资金时予以倾斜支持。

长治市老工业基地调整改造力度大，支持传统产业改造、推进产业转型升级等工作成效突出，受到督查激励。2022年，对长治市优先支持在老工业基地振兴有关重大改革和重大政策方面先行先试，优先支持建设国家创新型产业集群和新型工业化产业示范基地，在安排产业转型升级示范区和重点园区建设中央预算内投资时各激励2500万元。

长治市环境治理工程项目推进快，重点区域大气、重点流域水环境质量改善明显，受到督查激励。2022年，在安排中央财政大气、水污染防治资金时，对长治市予以适当激励。

长治市屯留区高度重视重大决策部署督查落实工作，在创新优化督查落实方式方法、推动地区经济社会发展等方面成效明显，受到督查激励。2022年，在国务院办公厅组织开展的国务院大督查及专项督查中，对长治市屯留区予以“免督查”。

饭碗再到好日子，安置区里收获满满的幸福，都成为山西易地搬迁的典型案例。

加强扶贫项目资产管理和监督

抓好扶贫项目资产后续管理。在脱贫攻坚战役中，山西持续加大扶贫开发投入力度，兴建了一批各种类型的扶贫项目，形成了大量的扶贫资产，要明确管护责任，确保资产正常运转、保值增值。省级出台管理指南，市县健全管理体系和动态监管台账，2021年全省巩固拓展脱贫攻坚成果储备项目16948个，总规模741.34亿元的扶贫项目资产全部确权，并对不同资产分类管理。公益性资产要落实管护主体和管护责任，确保持续发挥作用。经营性资产要明晰产权关系，防止资产流失和被侵占，资产收益重点用于项目运行管护、巩固拓展脱贫攻坚成果、村级公益事业等。确权到户或其他经营主体的扶贫资产，依法维护其财产权利，由其自主管理和运营。

在众多扶贫项目中，光伏扶贫项目具有见效快、收益稳、持续时间长等特点，是不少脱贫村、脱贫户的脱贫法宝。作为全国光伏扶贫首批试点省，山西把光伏扶贫列入全省脱贫攻坚八大工程二十项行动之一。为

晋中市昔阳县易地扶贫搬迁集中安置点扶贫车间。

提高项目的质量和效益，山西在全国率先出台关于光伏扶贫项目管理的规定和村级光伏扶贫电站收益分配管理办法，全面规范光伏扶贫项目管理。截至2021年底，全省建设光伏扶贫村级电站5479座、集中电站53座，总规模294.4万千瓦，规模总量居全国第三，年度发电收益19.57亿元，居全国第一；年均发电能力高于全国平均水平8.02个百分点，运行支出占比低于全国

2021年，我省村级电站——

◎规模总量　居全国第三

◎年度发电收益19.57亿元　居全国第一

◎年均发电能力
高于全国平均水平8.02个百分点

◎运行支出占比
低于全国平均水平10个百分点

2021年山西省村级电站规模

施工人员在运城市垣曲县王茅镇扶贫移民安置点农家屋顶安装光伏组件。

平均水平10个百分点。全省光伏帮扶项目累计发电收入56.16亿元，惠及9554个村72万脱贫人口，涉及75个县（市、区），脱贫村年均增收20万元。一个个扶贫项目变成了乡村振兴资产，在巩固拓展脱贫攻坚成果、接续全面推进乡村振兴中持续发挥效益。

集中支持一批重点帮扶县帮扶村

综合考虑区位条件、资源禀赋、经济发展、财力水平、农民收入、巩固任务和城镇化率等因素，山西将全省117个县(市、区)科学划分为先行示范、整体推进、重点帮扶“三类县”，分类指导、精准施策。其中31个先行示范县重点是加快城乡融合发展，打造乡村振兴样板；40个整体推进县重点在巩固拓展脱贫成果的基础上，稳步推进乡村振兴，以农业现代化促进农村现代化；46个重点帮扶县重点是持续巩固拓展脱贫攻坚成果，实现向乡村振兴的平稳过渡。其中脱贫地区可自主确定一批乡村振兴重点帮扶村。省、市两级统筹资源，集中支持重点帮扶县巩固拓展脱贫攻坚成果。县级要加大对重点帮扶村的支持力度。各级要建立跟踪监测机制，对重点帮扶县、村定期开展监测评估。

一切伟大成就都是接续奋斗的结果，一切伟大事业都需要在继往开来中推进。这条路没有终点，只有一直向前。在巩固拓展脱贫攻坚成果的基础上，要接续做好乡村振兴这篇大文章。山西针对主要矛盾的变化，理清工作思路，推动减贫战略和工作体系平稳转型，统筹纳入乡村振兴战略，建立长短结合、标本兼治的体制机制。逐步实现由集中资源支持脱贫攻坚向全面推进乡村振兴平稳转型、有序过渡，接续推动脱贫地区经济社会发展和群众生活改善，实现脱贫攻坚、全面小康、乡村振兴的有机贯通，做好脱贫攻坚与乡村振兴“接力棒”的历史性交接。

二、扎实推进乡村建设行动，宜居乡村“内外兼修”

实施乡村建设行动，是全面推进乡村振兴的重要载体和抓手。山西着力推进农业基础设施现代化、农村生活设施便利化、基本公共服务均等化，强化农村基础设施建设，增加农村公共服务供给，持续改善农业农村生产生活条件，建设产业兴旺、生态宜居、乡风文明、治理有效、生活富裕的美好家园，打造各具特色的现代版“富春山居图”。

临汾市襄汾县新城镇伯社村村民利用农业机械收获中药材柴胡。

持续改善脱贫地区基础设施条件

基础设施建设是村庄的家底儿，也是村庄的里子，是巩固脱贫成效的根本保证。乡村建设既要坚持为农民而建，又要落实数量服从质量、进度服从实效、求好不求快的工作方法，不能让基础设施建设卡住农村经济发展的脖子。大力实施乡村建设行动，加强农村道路、供水、用电、网络、住房安全等重点领域基础设施建设，组织实施农村道路畅通、农村供水保障、乡村清洁能源建设、数字乡村建设发展和村级综合服务设施提升等基础设施提升五大工程，推动“路、水、暖（气）、电、数、链、废、机、田、证”基础设施建设村村延伸、户户覆盖、人人受益，逐步使农村基本具备现代生活条件。

平遥县段村镇横坡村位于平遥古城南15千米处，是一个具有千年悠久历史的古村落，整个村庄依山而建，村里道教、佛教建筑古迹及明清时期的古院落众多，旅游资源十分丰富。然而，由于交通闭塞，这些资源多年来藏在深闺人不知，也使得横坡村的发展陷入低谷。要致富，先修路。为解决出行难题，横坡村充分发挥基层党组织战斗堡垒作用和党员先锋模范作用，先后修建起

修好农村路，乡间“经脉”通。

通往外村2.5千米的水泥路、30米长的官沟桥，并安装高标准的路灯。另外多方筹资170余万元，硬化全村大街小巷，在平遥县率先实现了村村通、户户通……现如今，横坡村一条条村道宽敞洁净，一座座新房拔地而起，昔日贫瘠土地变为万顷良田，旧时老窑洞改造成特色宾馆和习俗展示馆，一幅悠然恬适的乡村新景在眼前展开。

·特别关注·

“四好农村路”带来稳稳的幸福

农村公路是保障农民群众生产生活的基本条件，是农业和农村发展的先导性、基础性设施，也是实现乡村振兴的重要保障。近年来，山西大力推动“四好农村路”高质量发展，投资684亿元，新改建7.48万千米，加上三个一号旅游公路里程，几乎绕地球两圈；生命防护工程2.5万千米、危桥改造388座；全省26420个建制村100%通硬化路、100%通客车，串联起全省“因路而富、因路而兴、因路而美”的农村幸福路，构建了覆盖广泛、通达四邻、安全便捷的四好公路网。2021年11月，我省3市8县入选全国“四好农村路”示范名单。

“十四五”是全面实施乡村振兴战略的重要时期。抓好“四好农村路”和旅游公路建设，是服务和融入构建新发展格局的必然要求，是完善农村基础设施、建设美丽乡村的重要内容，是推进产业转型、发展全域旅游的有力支撑。我省将坚持高质量高速度相结合，重点实施的五大工程包括农村公路路网延伸工程、农村公路提档升级工程、旅游公路建设提速工程、农村公路消危平安工程以及农村公路服务提质工程。按照时间表和路线图，到2025年，我省将基本建成“布局合理、通村畅乡、安全便捷、服务优质、绿色经济”的“四好农村路”网，实现较大人口规模（30户及以上）自然村通硬化路100%，乡镇通三级及以上公路100%，城乡客运一体化水平达到3A以上的县占比100%，基本实现具备条件建制村通物流快递。

进一步提升脱贫地区公共服务水平

山西积极发展农村公共服务体系，持续提升服务供给能力。聚焦教育、医疗、养老、社会保障等突出问题，加强普惠性、基础性、兜底性民生建设。加快建立城乡统一的基本公共服务制度，建立城乡公共资源均衡配置机制，强化农村基本公共服务供给县乡村统筹，推动公共服务向农村延伸、社会事业向农村覆盖，逐步实

运城市盐湖区龙居镇西张耿村农家书屋

现标准统一、制度并轨，持续推进城乡基本公共服务均等化，健全全民覆盖、普惠共享、城乡一体的基本公共服务体系，让广大农民更好共享改革发展成果。

要优化农村学校布局，加强乡镇寄宿制学校建设，全面提升农村教学条件。大力发展农村学前教育，鼓励普惠性幼儿园发展。加大乡镇卫生院全科或助理全科、中医等短缺人员培养和培训力度，提升基层医疗服务水平。建设一批集矛盾调解、金融服务、物流配送、网络代办、图书阅读、就业服务、卫生医疗、农村养老为一体的多功能服务中心。大力推进村卫生室标准化建设，确保基本医疗卫生服务覆盖全体农村居民。加快农村养老院、日间照料中心建设。提高农民科技文化素质，推

·特别关注·

城乡一体化办园模式补齐农村学前教育短板

近年来，运城市芮城县紧紧围绕“普及普惠、安全优质”的发展目标，以城乡一体化办园模式为统领，充分发挥行政引导、规范、协调和推动职能，摸索出一条“城乡一体化”发展路径，补齐农村学前教育短板，促进农村学前教育良性发展。2021年12月17日入选第二批全国农村公共服务典型案例。

2012年以前，全县共有幼儿园60所，其中农村园54所。农村幼儿园在办园体制、师资队伍、教育理念等方面都与城镇园相差甚远。2012年，芮城县出台了《关于进一步规范学前教育管理的意见》，回收了20个“问题园”，统一将其变为由县直园一体化管理的公办幼儿园，开启了由城区优质幼儿园在农村办分园的城乡一体化办园模式。既要“接得住”，又要“办得好”，自接管之日起，芮城县直幼儿园就对农村幼儿园实行人、财、物及保育教育等方面的“四位一体”管理，实现城乡法人一体、资金投入一体、师资调配一体、保教管理一体，并充分利用乡土资源实施特色活动，使农村幼儿园保教质量有了跨越式提升。

经过不间断的探索与实践，芮城县农村学前教育在实施城乡一体化办园模式改革中取得了明显成效。一是实现了农村学前教育的多元普惠，从根本上解决了农村幼儿园投入无主体、师资匮乏等问题，使农村园发展步入良性循环，并且解决了留守儿童入园问题；二是通过发挥县直园的示范引领作用，带动了县域农村幼儿园办园水平整体提升，缩小了城乡差距，探索出了农村学前教育优质发展的新路径；三是依托城乡一体化办园模式成功创建家庭、幼儿园、社会三位一体幼儿成长生态圈，让家长、社会了解儿童的身心发展规律和学习特点，形成信任、尊重、平等的课程改革共同体。

动乡村人才振兴。

深入推进农村人居环境整治

农村人居环境是乡村建设的重要内容，也是生态振兴的载体。只有建设好生态宜居的美丽乡村，广大农民在乡村振兴中才能有更多获得感、幸福感。山西把农村人居环境整治作为实施乡村振兴战略的一场硬仗，将农村人居环境整治工作纳入全省实施乡村振兴战略实绩考核。坚持分类施策、分层次推进，聚焦重点难点，推进村庄绿化、美化、亮化、净化工程，加快补齐补好农村人居环境短板。注重发挥农民主体作用，激发农民内生动力，开展绿色庭院、最洁净家庭、五星级文明户创建活动，推广路长制、段长制、片长制治理模式。

2021年，山西推动实施农村人居环境“六乱”整治百日攻坚专项行动，累计投入28.6亿元，农村生活垃圾收运处置体系覆盖自然村比例达到91.3%；新开工农村

秋色中的晋中市左权县百里画廊“黄金谷”走廊风景如画。

污水处理设施636个、新改造农村卫生厕所30.7万户，1.9万个村开展星级文明户评选、美丽庭院创建活动，打造山清水秀、天蓝地绿、村美人和、宜居宜业的乡村环境，为老百姓留住鸟语花香田园风光，让美丽乡村有颜值更有气质。

三、持续深化农村重点改革，激活发展“一池春水”

唯改革者进，唯创新者强。全面推进乡村振兴要向改革要动力，紧紧牵住“深化农村改革”这个牛鼻子。山西以完善产权制度和要素市场化配置为重点，以壮大村集体经济、提高农民收入为出发点和落脚点，着力破除制约农业农村发展问题，回应槽点、纾解痛点、打通堵点，找准改革发力点，创新推动农业农村综合改革，健全三农制度框架和政策体系，进一步激发乡村振兴的动力和活力。

全面深化农村土地制度改革

以处理好农民和土地的关系为主线深化农村改革。落实承包地“三权分置”制度，巩固并用好承包地确权成果，扎实推进农村土地承包管理改革，做好第二轮土地承包经营权到期后再延长30年工作，给广大农民群众吃上长效定心丸。纵深推进农村“三块地”改革，积极探索实施农村集体经营性建设用地入市制度，建立公平合理的增值收益分配机制。盘活农村存量建设用地，实行负面清单管理，优先保障三大省级战略、十大产业集群建设等乡村产业用地。稳慎推进农村宅基地制度改革，贯彻落实农村宅基地审批管理办法，指导清徐、平

运城市永济董村农场农业机械在实施打药施肥作业。

遥、泽州3个县开展农村宅基地改革试点。规范开展城乡建设用地增减挂钩，完善审批实施程序、节余指标调剂及收益分配机制。

稳步推进农村集体产权制度改革

巩固拓展农村集体产权制度改革成果，全面开展农村集体产权制度改革"回头看"，扎实做好"后半篇文章"。加强农村集体资产管理，出台集体资产监管办法，开展集体经济合同专项清理整治，健全完善集体资产登记、保管、使用、处置等制度，建立集体资产监管平台，逐步实现集体资产管理的制度化、规范化、信息化。健全集体资产收益分配制度，深化农村集体资产股份有偿退出、抵押、担保、继承权的改革试点，形成较为完善的股份权能政策体系，使农民集体资产股份权能落实到位。实施农村集体经济组织带头人培育工程，活化资源资产，创新发展模式，引导村民换思路、找新路，发展壮大新型农村集体经济。让农村沉睡的资源活起来，分散的要素聚起来，增收的渠道多起来，推动农村集体产权制度改革由"物理变化"向"化学反应"转变。

改变来自改革，改革激发动力。2021年12月29日，吕梁市石楼县义牒镇石家坪村举行集体产权制度改革股权分红发放仪式。2021年，义牒镇在全县率先实施农村集体产权制度改革，通过“农民变股民、资金变股金、资源变资产”，盘活集体资源，壮大集体经济，为乡村振兴增添活力。石家坪村在明晰集体资产产权归属的基础上，成立股份经济合作社，将农村集体经营性资产，以股份形式量化到集体经济成员。石家坪村下辖自然村褚家峪村的417名村民首次获得16万元村集体分红，每口人能分到300多元。“看得见”的集体资产变成了手上“摸得着”的改革红利。

葡萄成熟了，图为晋中市左权县石匣乡狮岩村百亩葡萄采摘园。

统筹推进“三支队伍”改革

加强农技、农经、农机“三支队伍”建设，是全面推进乡村振兴、加快农业农村现代化的必然要求。山西根据农业组织形式和生产方式发生的深刻变化，按照“根上改、制上破、治上立”的要求，统筹推进省市县“三支队伍”改革。

健全市场决定农技、农经、农机服务资源配置的体制机制，落实落地“三支队伍”市场化重组重塑，分步推进各层级改革任务。全面推开省市县农技推广人员、农经管理人员、农机推广人员在岗开展增值服务，提升整体素质和服务效能。加快构建市场化社会化科技服务力量为依托，开放竞争、多元互补、协同高效的农业科技社会化服务体系。加强涉农院校和学科专业建设，大力培育农业科技、科普人才，深入实施农业科研杰出人才计划和杰出青年农业科学家项目。建设省级农业科技示范和龙头企业，带动山西农业科技创新。

第八章

文化之光耀三晋

——如何写好文化高质量发展的时代答卷？

2022年春节前夕，习近平总书记来到平遥古城考察调研，在平遥古城拾级而上，俯瞰古城全貌，走进平遥牛肉店、推光漆器店、东湖老醋坊，了解文化遗产保护利用和开展特色经营情况，并购买了平遥牛肉、饺子醋等年货，还亲手为陈醋发酵打耙。白雪掩映下的平遥古城，轮廓清晰、美轮美奂。高耸厚实的古城墙透露出饱经千年沧桑的冷峻与辉煌。这里是明清古城的活样板、古建筑的博览地，是晋商文化和晋商精神的重要发源地，也是中国保存最为完整的古城之一。如今的平遥古城历经千年沧桑而古朴宛然，风姿依旧。

源浚者流长，根深者叶茂。三晋文化源远流长，是中华文明的百科全书、山河风光的地理图志、社会变迁的历史通鉴，这本“书”值得一读再读。习近平总书记在平遥古城考察时强调，要敬畏历史、敬畏文化、敬畏生态，全面保护好历史文化遗产，统筹好旅游发展、特色经营、古城保护，筑牢文物安全底线，守护好前人留给我们的宝贵财富。三晋儿女，牢记嘱托，坚持社会主义先进文化发展方向，举旗帜、聚民心、育新人、兴文化、展形象，统筹推进以文化人、以文惠民、以文兴业，不断推动新时代文化强省建设，用璀璨文化之光照亮高质量发展之路。

一、高擎思想旗帜，厚植道德沃土

意识形态工作是为国家立心、为民族立魂的工作。山西持续深化理论武装、强化舆论引导、筑牢意识形态安全防线，为山西全方位推动高质量发展提供强大精神动力。

加强理论武装，凝聚磅礴力量

高度重视思想建党、理论强党，坚持以科学理论引领全党、用科学理论武装全党，是我们党的优良传统和巨大优势。党和国家事业取得历史性成就、发生历史

世界文化遗产——平遥古城

性变革，最根本的原因在于习近平总书记掌舵领航，在于习近平新时代中国特色社会主义思想的科学指引。坚定拥护和维护习近平总书记的核心地位，全党就有定盘星，全国人民就有主心骨，中华“复兴”号巨轮就有掌舵者，就能保证文化强国建设沿着正确方向前进。

山西推进理论学习常态化长效化。坚持把学习贯彻习近平新时代中国特色社会主义思想作为“第一议题”“第一自觉”“第一本领”，把深入学习宣传贯彻习近平新时代中国特色社会主义思想作为首要政治任务，在学懂弄通做实上下功夫，引导干部群众不断增强政治认同、思想认同、理论认同、情感认同。推广100

太原市杏花岭区党员干部群众在田间地头聆听时代新人讲述党史故事。

个理论学习中心组学习示范点、100个理论宣讲示范点经验并推出巡礼成果集，加强“学习强国”山西学习平台等阵地建设，形成领导干部带头学、广大党员跟进学、全社会广泛学的生动局面。

强化价值引领，净化文化生态

春风化雨，润物无声。习近平总书记指出，加强社会主义精神文明建设，要把社会主义核心价值观融入社会发展各方面，推动中华优秀传统文化创造性转化、创新性发展。社会主义核心价值观，其实就是一种德，既是个人的德，也是一种大德，就是国家的德、社会的德。山西不断强化社会主义核心价值观引领作用，加强教育引导、实践养成、制度保障，推动社会主义核心价值观内化于心、外化于行。

党的十八大以来，山西在社会主义核心价值观建设方面取得了明显成效。文艺工作者坚持与时代同步伐，坚持以人民为中心，坚持以精品奉献人民，坚持用明德引领风尚，不断强化社会主义核心价值观引领，有力促进山西文艺生态健康发展。全省涌现出一大批社会主义核心价值观建设方面的先进典型。2022年1月，山西省委宣传部、省文明办命名91个第四批社会主义核心价值观建设示范点，9个首批社会主义核心价值观主题公园（广场）。充分发挥先进典型的示范带动作用，进一步推动社会主义核心价值观在基层落地生根。

加强道德建设，培养良好风尚

国无德不兴，人无德不立。山西以培育和弘扬社会主义核心价值观为引领，深入实施公民道德建设工程，不断提升人民思想道德素质和社会文明程度。

强化爱国主义教育。建好用好爱国主义教育示范基地，开展“弘扬爱国奋斗精神、建功立业新时代”“节日里的爱国主义教育”等活动，持续开展青少年爱国主义教育读书活动。大力弘扬伟大建党精神，大力弘扬太行精神、吕梁精神，讲好新时代楷模等英雄模范的感人事迹，用好红色资源、赓续红色血脉。

巩固拓展文明创建成果。持续做好文明城市、文明村镇、文明单位、文明家庭、文明校园的评选表彰工作，开展“志愿山西”“诚信山西”品牌实践，加强和改进未成年人思想道德建设，持续推动网络文明建设。

加强和改进思想政治工作。深化高校思政课改革创新，深入贯彻落实《关于新时代加强和改进思想政治工作的意见》，发挥领导干部上讲台讲思政课的示范带动作用，让新时代党的创新理论更加深入人心。做好做实高校思政工作，推动省级集体备课，打造具有山西特色的思政工作品牌。

二、汲取精神力量，实现共同富裕

共同富裕是全体人民共同富裕，是人民群众物质生活和精神生活都富裕。山西是文化大省，要做强群众文化，提升公共服务水平，持续推进公共文化服务体系建设，实施“五个一批”群众文化惠民工程和服务效能提升工程，统筹推进以文化人、以文惠民、以文兴业，以更高品质的文化产品和服务供给，满足人民群众的获得感、幸福感、安全感。

·知识链接·

“五个一批”工程：塑造一批群众文化惠民服务品牌，培育一批乡村群众文艺队伍，挖掘一批乡土文化能人艺人，培养一批乡村文化带头人，送一批专业文艺演出。

文艺精品赋能精神生活共同富裕

一花独放不是春，百花齐放春满园。2021年，牢牢把握庆祝中国共产党成立100周年这一主题主线，山西艺术创作出彩、出新、出亮点。圆满完成庆祝中国共产

晋剧《于成龙》剧照

蒲剧《巡盐御史》剧照

党成立100周年重大文艺演出《伟大征程》参演任务，受到文化和旅游部通报表扬。舞蹈诗剧《天下大同》、话剧《右玉》、舞剧《刘胡兰》3部作品入选中宣部“庆祝中国共产党成立100周年优秀舞台艺术作品展演”；美术作品《亘雾》《黄河古渡》《黎明》3部作品入选文化和旅游部主办的黄河文化主题美术作品展。

聚焦迎接党的二十大，山西实施文艺作品质量提升工程和新时代舞台艺术创作工程，办好山西艺术节、首届晋剧艺术节等重大活动，统筹加强现实题材创作、文学艺术评论、网络文艺阵地建设，推进电视剧《太行奶娘》、电影《申纪兰》、报告文学《特钢密码》等文艺作品的创作生产，开展“礼赞新时代、奋进新征程”系列文艺活动，为人民群众带来愉悦的精神享受、温润的心灵滋养。

惠民工程助推精神生活共同富裕

人民是文艺之母。源于人民、为了人民、属于人民，是社会主义文艺的根本立场。2021年，山西广泛开展覆盖城乡的群众文化活动，推进社区文化“嵌入式”服务，鼓励社区养老、文化等公共服务设施共建共享，满足广大人民群众的精神文化生活新需求。2022年，山西持续推进公共文化服务体系建设，实施“五个一批”群众文化惠民工程，将选塑打造20项省级群众文化服务品牌，以县域为单位，培育4000支乡村群众文艺队伍（文艺小分队），挖掘2000名乡土文化能人艺人，培养4000名乡村文化带头人，配送一批专业文艺演出，继续开展“送戏下乡一万场”活动。同时，加大对老年人、妇女儿童、未成年人、残疾人、农民等群体的服务力度，体现群众文化惠民工程的普惠性。

均等化带动精神生活共同富裕

推动公共文化服务标准化均等化，是实现人民精神文化生活共同富裕的重要举措。

公共文化基础设施方面。山西公共文化设施基本实现全覆盖，公共文化服务场馆全部实现免费开放，实行错

·特别关注·

2022年山西省20项群众文化服务品牌名单

序号	项目单位	品牌名称
1	山西省图书馆	书香文源·2022年文源讲坛系列活动
2		“书香三晋　文化山西”2022年山西省全民阅读推广活动
3	山西省文化馆	“舞动三晋”2022年山西省民歌广场舞大赛
4		2022年山西省“群星奖”优秀作品创作和巡演
5		“唱响黄河”2022年全国民歌邀请赛
6		2022年山西省农民工歌手大赛
7		“美丽乡村”2022年山西省乡村村晚大比拼
8	太原市文化旅游事业发展中心（太原市文化馆）	“梨园争春”2022年戏曲展演
9	大同市文旅局	“不负明天 ”2022年山西省网络摄影大赛
10	应县公共文化事业发展服务中心	“美美与共”文旅志愿服务惠三晋
11	忻州市文旅局	2022年山西省农民画优秀作品巡展
12	静乐县文旅局	2022年山西省剪纸大赛
13	晋中市文旅局	“高手在民间”2022年山西省乡土文化能人技艺大赛
14	长治市文旅局	“上党邀三晋　太行汇八音”2022年山西省八音会大赛
15	陵川县文旅局	2022年太行山红色轻骑兵钢板书
16	临汾市文旅局	2022年山西省锣鼓大赛
17	运城市文旅局	“梨园歌盛世”2022年山西戏曲票友大赛
18	新绛县文旅局	2022年绛州鼓乐“群星奖”节目全省巡演
19	山西省合唱协会	2022年山西省合唱大赛——第十七届“三晋之春”合唱比赛
20	山西省演出行业协会	2022年“秀美长城”山西省旗袍秀大赛

时开放、延时开放，万人拥有公共图书馆、文化馆设施面积两项指标居中部六省第一。截至2021年底，山西共有文化馆130个、文化站1350个（其中，乡镇综合文化站1141个）、公共图书馆128个、登记备案的博物馆共192座。2021年，全省各类博物馆共举办展览500余个，接待观众2000余万人次。“十四五”期间，山西致力于持续完善公共文化基础设施，加强山西省美术馆等省级重大文化场馆建设。推动公共图书馆、文化馆、博物馆、美术馆、非遗馆、游客中心等功能融合，提高综合效益。

公共文化服务供给方面。不断提升公共文化服务水平，才能更好保障人民的文化权益。2021年，山西进一步提升公共图书馆、文化馆、乡镇综合文化站和村级综合文化服务中心服务效能，推进城乡公共文化服务体系一体建设。为创新公共文化服务方式，山西持续推进供给侧结构性改革，探索百姓点单、基层报单、部门派单、社会接单、群众评单、政府买单的“六单”模式。“百姓点单”公共文化服务50场活动已全部完成。根据

·知识链接·

国家公共文化服务体系示范区：结合当地实际，坚持公益性、基本性、均等性、便利性，在满足群众基本文化需求的基础上，积极探索如何形成网络健全、结构合理、发展均衡、运行有效、惠及全民的公共文化服务体系，进一步推动公共文化服务广覆盖、高效能，为构建基本完善的公共文化服务体系提供实践示范和制度建设经验的地区。

文化和旅游部官网公示，晋城市成功创建第四批国家公共文化服务体系示范区，吕梁市临县贫困村综合文化服务中心建设项目成功创建第四批国家公共文化服务体系示范项目。

三、华夏文明承载，文化自信之源

丰富多彩、灿烂辉煌的历史文化资源是山西的自豪骄傲，也是山西的重要省情和响亮品牌。自然资源犹有尽时，文化资源取之不竭。山西担负着在发展中保护、在保护中发展的重任。把历史文化资源保护好，把中华民族的文化根脉延续好，是山西作为历史文化资源大省必须扛好扛牢的时代使命。必须坚定文化自信，大力弘扬中华优秀传统文化，不断推动新时代文化强省建设。

珍视历史瑰宝，着力薪火相传

山西是中华民族的重要发祥地，被称为“中国古代文化博物馆”“华夏文明的摇篮”。山西现有全国重点文物保护单位531处，稳居全国第一；现存不可移动文物53875处，全国排名第四；全国仅存的3座唐代木结构古建筑都在山西。历史文化遗产承载着中华民族的基因和血脉，不仅是历史长河中宝贵的文明财富，也为山西可持续发展注入了新的活力。

牢固树立“保护第一”的理念。山西是黄河国家文化公园和长城国家文化公园叠加区，区内非物质文化遗产丰富，拥有国家级非物质文化遗产代表性保护项目名录130个，国家级非物质文化遗产代表性传承人150人，位列全国第一方阵，省级非物质文化遗产传承人1109人。山西以守护好前人留给我们宝贵财富的历史自觉，以对子孙后代高度负责的态度，切实加大文物和文化遗

运城市盐湖区解州镇平常街文化广场上，表演者们正在进行非物质文化遗产舞龙表演。

产保护力度，在文物和文化遗产保护传承中彰显山西担当。以编制规划方案、创新管理体制、实施重大工程、开展专项保护为抓手，做优做强平遥古城、云冈石窟、五台山三大世界文化遗产品牌，开展应县木塔、佛光寺等国家级文物重大保护专项，统筹好旅游发展、特色经营、文物保护，做好革命文物密集片区整体保护利用工作。扎实推进长城、黄河国家文化公园（山西段）建设，构建文化遗产保护廊道和文化旅游带。持续加强碛口、河曲、上党（晋城）等省级文化生态保护区建设，以“遗产丰富、氛围浓厚、特色鲜明、民众受益”为建设目标，形成了非物质文化遗产区域性整体保护的发展模式。

让历史文化遗产“活起来”。以古人之规矩，开自己之生面。文化因创新而辉煌，因发展而精彩。山西坚持做好优秀传统文化资源挖掘阐释，系紧中华民族精神纽带，全力打造中国文化传承弘扬展示示范区，深入研究阐释三晋文化中蕴藏的中华文化基因和中华民族共同体发展路向，推动尧舜德孝、关公忠义、能吏廉政、晋商诚信等优秀传统文化创造性转化、创新性发展，更好发挥以文化人、以史育人作用。以更高站位和更大力度加强文物保护，实施文物保护利用工程和“文明守望工程”，积极服务中华文明探源工程，加强陶寺遗址等省内重要遗址的考古调查和发掘研究，推进陶寺遗址和晋国博物馆展陈质量提升工作，更好再现山西在我国百万年人类史、一万年文化史、五千年文明史中的图景画卷，在深化中国文明历史研究中作出山西贡献。深化“云冈学”研究并逐渐走向世界。

用好红色资源，赓续红色血脉

山西是一片红色的土地，拥有众多革命文物和丰厚

平遥县用当下流行的“国潮”汉服复原了双林寺的5位彩塑“供养人”服饰。

平遥推光漆器

红色文化资源，具有光荣革命传统和宝贵红色基因。习近平总书记五年时间三次考察山西，都对我们用好红色资源、赓续红色血脉作出重要指示、提出明确要求，为我们在新时代把红色基因传承好指明了方向。

红色资源丰富，初心薪火永续。中国共产党的百年历程中，各个时期都留下了山西人民奋斗的足迹，汇集为厚重的红色资源。山西是八路军总部所在地，是抗日战争主战场之一，建立了晋绥、晋察冀、晋冀鲁豫抗日根据地，平型关大捷、百团大战等闻名中外，太行精神、吕梁精神等是我们党宝贵的精神财富。红色文化资源是我们党百年奋斗的力量之源，是党史学习教育的生动教材。山西现有革命文物2278处，革命文物遗存遍布全省11个市，革命类博物馆纪念馆27座，馆藏革命文物7万余件，是全国与八路军、红军东征有关文物遗存最完整、最丰富的省份。一段段红色故事、一件件红色文物、一个个红色遗址，是我们党艰辛而辉煌奋斗历程的见证，是最宝贵的精神财富。

保护红色资源，汲取精神力量。山西坚持以“为红色土地负责、为子孙后代负责”的敬畏和担当，统筹推进革命文物保护、管理和运用。在全国率先出台了《关于进一步加强文物工作的实施意见》等一系列政策措施，回答了“保护什么”“谁来保护”“如何保护”“如何利用”等一系列问题，推动构建红色文化遗址保护利用新格局。山西将进一步加强红色资源的保护管理利用，做好革命文物密集片区整体保护利用工作。开展全省红色旅游资源普查，建立红色旅游资源数字化资料库。按期设置保护标志，科学划定公布保护范围和建设控制地带，保护好、管理好、运用好珍贵的红色资源，在确保红色文化遗址安全的前提下，加强价值挖掘和传承利用，做好革命文物密集片区整体保护利用工作。

传承红色基因，点燃信仰之光。每一个历史事件、每一位革命英雄、每一种革命精神、每一件革命文物，都代表着我们党走过的光辉历程、取得的重大成就，展现了我们党的梦想和追求、情怀和担当、牺牲和奉献。每一处革命圣地、红色旧址、革命历史纪念场所，都是一座没有围墙的红色博物馆。更好的保护，才有更好的传承，而保护的成果最终要惠及人民。山西不断创新手段，充分发挥全省革命旧址、纪念馆、烈士陵园、爱国主义教育基地作用，发挥革命英烈、时代楷模示范引领作用，推进网上全景展馆建设，在全国扩大宣传红色的

太原市双塔北路小学组织开展“府城游”综合素养大比拼活动，传承红色基因，让孩子们感受历史文化。

山西、英雄的山西、革命的山西。让革命遗址成为传承红色基因的生动课堂，成为干部群众追寻红色印迹、继承革命传统、汲取精神力量的重要载体。

建设国家级晋中文化生态保护实验区

国家级文化生态保护区是指以保护非物质文化遗产为核心，对历史文化积淀丰厚、存续状态良好、具有重要价值和鲜明特色的文化形态进行整体性保护。全国现有24个国家级文化生态保护（实验）区。晋中文化生态保护实验区作为全国首批、山西唯一的国家级文化生态保护实验区，范围包括晋中全境和太原、吕梁两市的8个县（区、市），共19个县级行政区域。保护区以“一带(农耕文化带)一廊(晋商文化走廊)一区(方言文艺区)一圈(节庆文化圈)”为鲜明地域特色，保存着较为完整的文化生态，以其历史典型性、资源多样性、遗存传承性，在中华民族多元一体文化格局中占有突出地位，是华夏传统文化的典型代表和重要组成部分。

全面提升非物质文化遗产调查研究水平。开展田野调查，对保护区内非物质文化遗产进行系统整理，取得丰硕成果；开展“平遥道虎壁王氏中医妇科”“牛郎织女传说”等近30个非遗项目田野调查工作；复排晋剧、左权小花戏等优秀传统剧目；编辑出版了《晋中市非物质文化遗产名录图典》《太原非物质文化遗产图典》等书籍或专著。

扎实开展非遗记录工程。完成平遥纱阁戏人、龟龄集传统制作工艺等10余个国家级非遗项目的抢救性记录工作；对国家级非遗项目代表性传承人开展抢救性记录工作；收集文水鈲子、汾阳碹板秧歌、孝义碗碗腔等项目老曲谱（剧本）50余份、老道具100多件，对文字、照片、影像资料进行数字化建档保存。

大力营造良好社会氛围。晋中文化生态保护实验区多次组织非遗项目及传承人参加中国非遗博览会、成都国际非遗节、山西文博会及山西非遗博览会。开展非遗进校园常态化教学薪火工程，通过民俗文化教师培训、校园社团活动、特色教学班、集中展演等方式，让非遗项目走进校园；文化生态保护实验区内各级文化和旅游主管部门选择适合在大、中、小学校保护和传承的非遗项目，编著教材、开设课程。2022年，山西以“乐享非遗，面向未来”为主题，举办首届中国非遗面食大会，办好第三届山西非遗博览会、“二十四节气话非遗”活动、非遗精品展、非遗市集、非遗记录工程影像展等，持续释放非遗魅力。

积极发挥非遗基础设施功能作用。建成1个市级综合性传习中心，14个县级综合性传习中心。此外，保护区内已建立20所博物馆或展示馆、169个传习所。太原市群众艺术馆、水塔老陈醋集团、太原市晋剧戏迷协会成为青少年非物质文化遗产传承教育基地。

促进文化旅游深度融合。开发“非遗+旅游”精品线路，鼓励有条件的项目实施“体验研学”；探索在景区内建设博物馆（展览馆），通过旅游市场激发非遗活力；王家大院、绵山风景区、太谷鑫炳记文化园、榆次官道巷民俗文化小镇等景区引进非遗项目开展“非遗+旅游”研学活动，将牛郎织女传说、石勒传说、介子推传说等引入景区讲解传播。

四、深化体制改革，培育新型业态

文化是民族的精神命脉，文艺是时代的号角。近年来，山西深入推进文化体制改革，大力实施文化强省战略，健全现代文化产业体系和市场体系，加快构建把社会效益放在首位、社会效益和经济效益相统一的体制机制。三晋文化活力焕发，创新动能强劲，必将为续写山西践行新时代中国特色社会主义新篇章提供坚实文化支撑，汇聚强大精神力量。

进一步深化文艺院团改革

改革创新是文艺院团繁荣发展的必由之路。转型发展中的山西，更需要有激情有活力有能力的一流文艺院团提供强大文化支撑。2021年7月，山西出台《关于进一步深化全省国有文艺院团改革工作方案》，印发《2021年山西省国有文艺院团社会效益评价考核实施方案》，要求山西文艺院团在体制机制上创新，在人才管理上创新，在打造精品上创新。结合山西实际，从精品创作、人才培养、繁荣市场、剧本创作、剧目演出等方面健全长效机制，完善强化保障政策，扎实推进社会效益评价考核，完善艺术创作生产评价机制，激发全省国有文艺院团内生动力。

着力提升国有文艺院团创作管理能力和全省艺术创作科学化、专业化水平，努力推出思想精深、艺术精湛、制作精良的优秀作品。艺术专家在艺术精品创作中的智力支持、价值导向和艺术把关等重要作用得以发挥。推动形成艺术精品和文艺人才不断涌现的生动局面，不断满足人民对美好生活的向往的精神文化需求。

大力弘扬文艺界新风正气

时代为文艺繁荣发展提供了前所未有的广阔舞台。推动社会主义文艺繁荣发展、建设社会主义文化强国，广大文艺工作者重任在肩、大有作为。要大力倡导健康文艺生态，坚持弘扬正道，推动职业道德教育和法律教育常态化制度化，以正面先进典型带动、反面警示教育提醒等方式，教育引导文艺工作者坚持正确的价值观、名利观、荣辱观，明是非、守底线、遵法纪，自觉践行社会主义核心价值观，自觉抵制恶习流俗，坚决抵制违纪违法、失德失范等不良风气。

加强全省文化人才培养工作

千秋基业，人才为本。实现文艺事业繁荣发展，就必须发现人才、培养人才、珍惜人才、凝聚人才，推动形成青蓝相继、薪火相传的生动局面。在新的起点上推动文艺事业高质量发展，改变传统的人才选拔模式，创新人才引进保障机制，建立符合实际的人才扶持、评价、认证机制。深入实施“人才培训工程”，打造一支在全国拥有较高知名度、较强影响力的高端文化人才团队，带动培养一支具有持续创新力的“文化晋军”。到

2025年，选拔出40名优秀文化专家，培养出120名青年文化拔尖人才，引进不少于100名的高端文化人才，培训1万名基层文化工作人员。

为进一步做好山西文物保护工作，缓解基层文物人才严重短缺的现状，山西出台《文物全科人才免费定向培养实施办法》，创造性地提出文物全科人才培养模式，在全国范围内尚属首次。办法明确了山西文物全科人才采取定向招生、定向分配、免费培养模式。文物全科人才是指经过本科院校正规培养后，能系统掌握考古、文物建筑、博物馆三大领域专业知识，定向就业后，能够承担考古、文物建筑和博物馆三方面工作任务，基本满足基层工作需求的人员。“十四五”期间山西将为全省文物系统县以下基层文博单位免费定向培养600名文物全科人才。

后 记

习近平总书记指出，要不断推出群众喜闻乐见、贴近大众生活的形式多样的理论宣传作品，让理论为亿万人民所了解所接受，画出最大的思想同心圆。讲人民群众听得懂、听得进的话语，让党的创新理论“飞入寻常百姓家”。

凡贵通者，贵其能用之也。省委宣传部组织编撰《山西全方位推动高质量发展面对面》通俗理论读物系列丛书，是学习贯彻习近平总书记考察调研山西重要指示精神，推动党的创新理论普及化、大众化，帮助广大干部群众深入领会省委“全方位推动高质量发展”目标要求、准确把握我省“六个领域”“三个体系”工作矩阵的重要举措。

丛书编撰工作得到省委书记林武同志的关心支持，并列入2022年全省宣传思想工作要点，作为宣传思想工作矩阵的重要内容。省委宣传部组织我省理论功底深、政策水平高、文字能力强的党政干部及专家学者，组成撰稿团队，全力以赴、倾情付出。各市委宣传部积极响应、认真落实。山西日报社、山西广播电视台等单位为丛书编写提供相关资料。山西人民出版社尽锐出战、集中攻关。各单位各部门密切配合、通力协作，展现了宣传思想文化战线在全方位推动高质量发展中的使命担当。

丛书于2021年12月开始策划，撰稿团队持续跟进学习最新政策、及时关注研究鲜活实践，提纲几经修改、书稿反复打磨，九易其稿、精益求精。其间，克服疫情影响，分头撰写和集体统稿相结合、视频会议和集中研讨相结合，保证撰稿任务按计划高质量推进。基本成稿后，还邀请省委统战部、省委政研室、省直工委、省生态环境厅、省委党校、省社科院、省社科联等单位领导干部和专家学者对丛书进行审读，提出修改意见。经过不懈努力、日夜奋战，6册书稿于2022年7月1日、党的101周年华诞基本定稿。其后，经进一步修改完善，得以顺利付梓。

我们对省委“全方位推动高质量发展”目标要求和工作矩阵的学习贯彻还在不断深化中，有些论述还未能在丛书中深入展开。全省广大干部群众全方位推动高质量发展的壮阔实践还在不断推进中，丛书选取的资料也还不够全面。这些不足之处，敬请广大读者批评指正。我们将在今后的通俗理论读物编写工作中继续探索，不断提高。

丛书编委会

2022年7月